ENKELFÄHIG WIRTSCHAFTEN

Familienunternehmen in Deutschland

© 2022 Hanser Corporate im Carl Hanser Verlag GmbH &
Co. KG, München
Korrektorat: Andrea Hensler, Verl
Gestaltung und Satz: WEISS WERKSTATT MÜNCHEN
Druck und Bindung: Friedrich Pustet, Regensburg
Printed in Germany
ISBN 978-3-446-27320-7

»Wir sind stolz auf Goethe, Schiller, Porsche, Mercedes und die Familienunternehmen!«

Inhalt

»My business is to paint what I see,
not what I know is there.«[1]

William Turner

1   William Turner in: Donald B. MacCulloch: The Wondrous Isle of
      Staffa, Glasgow 1927, S. 160.

»My business is to paint what I see, not what I know is there«: Einleitung

Familienunternehmen – »family business« – zu sehen, ist keine leichte Aufgabe. Denn obwohl Familienunternehmen in Deutschland eine Mehrzahl der Unternehmen ausmachen, bleiben sie weitestgehend unsichtbar.
Dieses Buch hat es sich zur Aufgabe gemacht, gerade das
zu ändern: Es will Familienunternehmen sichtbar machen – und das möglichst unvoreingenommen. Dabei
geht es nicht um einen theoretischen Text aus dem Kontext einer wissenschaftlichen Institution, sondern darum, jeder einzelnen Leserin und jedem einzelnen Leser
zu zeigen, wie wichtig Familienunternehmen für deutsches Wirtschaften sind. Denn so unsichtbar die hinter
den Unternehmen stehenden Familien auch sein mögen –
sichtbar werden sie oft erst in dem Moment, in dem jemand aus diesen Familien einen Fehler macht. Nicht von

ungefähr haben sich diverse Klischees in den Köpfen der Menschen festgesetzt: von patriarchalen Strukturen, reichen Erben und traditionsgeführten Unternehmen, die den Anschluss an eine moderne Welt verloren haben. Vorurteile kann man nicht einfach vergessen, man kann sie auch nicht ausklammern, also muss man sie sich ansehen. Hier ist kritisches Nachfragen besser als allergische Reaktionen. Woher kommt dieses Bild des deutschen Familienunternehmers, was sind die (Hinter-)Gründe dafür? Und wie viel Wahrheit steckt in diesem Bild? Anders gesagt: Mit welchem Wissen wird hier das Porträt des Familienunternehmers gemalt?

Familienunternehmen sind zu einer Selbstverständlichkeit geworden, von der viele profitieren, die sie aber nicht (richtig) sehen. Die Namen oder auch die dazugehörigen Marken sind allgemein bekannt, sie umgeben uns tagtäglich: Volkswagen, BMW, Aldi, Bosch, Miele, Henkel, Dr. Oetker ... Aber wer steht eigentlich hinter diesen Marken? Wo früher Unternehmer stadtbekannt waren als Aufsteiger, als Persönlichkeiten, die der Region Ruhm und Ehre brachten, sind sie heute für die breite Öffentlichkeit oft gar nicht mehr greifbar. Und die Geschichten über diese Unternehmen sind beinahe schon zu so etwas wie Mythen geworden, die in Büchern und Filmen rezipiert werden. Tatsächlich stehen hinter diesen Unternehmen Menschen, deren Berufung darin besteht, das eigene Unternehmen gesund zu halten und in die nächste Generation zu tragen. Dieses transgenerationale Moment und ein Unternehmen, das sich mehrheitlich in Familienbesitz befindet, kennzeichnen diese besondere Form des Wirtschaftens.

»Hidden Champions« werden diese Familienunternehmen oft genannt. In der Regel werden darunter mittelständische Unternehmen verstanden. Mittelständisch bedeutet in Deutschland ein Unternehmen mit höchstens 250 Mitarbeitern.[2] 99,5 Prozent der deutschen Unternehmen sind mittelständisch. Von diesen 99,5 Prozent sind über 95 Prozent Familienunternehmen. Der Mittelstand ist ein Größenbegriff, der in den 1950er-Jahren definiert wurde. Weil damals mittelständische Unternehmen fast ausnahmslos von Eigentümern geführte Unternehmen in erster oder zweiter Generation waren, wurden und werden die Begriffe Familienunternehmen und Mittelstand oftmals gleichgesetzt. Das ist allerdings nicht ganz richtig. Viele, aber nicht alle Familienunternehmen sind mittelständische Unternehmen, denn auch etwa 40 Prozent der börsennotierten Unternehmen sind Familienunternehmen.

In der Wirtschaft sieht man immer nur das Unternehmen Porsche, das Unternehmen Volkswagen, das Unternehmen BMW. Was die meisten Leute übersehen, ist, dass diese Unternehmen von den dahinterstehenden Familien konfiguriert wurden und werden. Wie die Familie tickt, wirkt sich auch auf das Unternehmen aus. Ein Familienunternehmen ist kein reiner Wirtschaftsbetrieb, ihm geht es in der Regel nicht um Geld, sondern um eine Form von Wirtschaften, die auf eine zentrale Idee ausge-

---

2   Vgl. hier und im Folgenden: BVMW – Bundesverband mittelständische Wirtschaft, Unternehmerverband Deutschlands e. V. (Hg.): Zahlen & Fakten. Der Mittelstand ist Garant für Stabilität und Fortschritt. Online unter: https://www.bvmw.de/themen/mittelstand/zahlen-fakten/ (31.7.2021).

richtet ist: Nachhaltigkeit. Aber genau hier entstehen oft die großen Probleme. Familien sind komplizierte Verbände. Blut ist dicker als Wasser, sagt man immer – egal was passiert, man ist und bleibt Teil der Familie. Dieses unlösbare Band verbindet und diese Bindung macht vieles schwierig – Kommunikation zum Beispiel. In der Familie redet man anders, man geht anders miteinander um als mit den Kolleginnen und Kollegen im Büro. Das ist uns allen klar und keine überraschende Feststellung, aber für ein Familienunternehmen ist das brisant. Denn was passiert, wenn man im Büro redet wie zu Hause? Wie geht man damit um, wenn der Vorgesetzte der eigene Vater ist und der einem dann kündigt? Was, wenn man ein Unternehmen führen soll, für das man sich womöglich gar nicht gemacht fühlt, die Aufgabe aber aus Respekt zu den Verwandten doch übernimmt?

Oft sind es drei Generationen, die miteinander agieren müssen. Hier treffen verschiedene Perspektiven und Zeitverhältnisse, gesellschaftliche Prägungen und Hintergründe aufeinander. Was zu Konflikten führen kann, kann auch zum entscheidenden Vorteil eines Familienunternehmens werden. Traditionen, Rezepturen, Herstellungsweisen, kurz Wissen wird über Generationen übermittelt und bewahrt und genau hier können die Generationen voneinander lernen – und zwar gegenseitig: Wo die ältere Generation das altbewährte Wissen weitergibt, kann die nächste und jüngere Generation das Unternehmen in ein modernes Zeitalter führen.

Oft entstehen die Probleme in der Familie und werden dann in das Unternehmen hineingetragen. Streit in der Familie geht nie spurlos am Unternehmen vorbei, er kann das Unternehmen sogar in den Ruin treiben. Das führen Unternehmen immer wieder eindrucksvoll vor. So aufgeladen diese Fehden in den Medien ausgetragen werden, sie sind Einzelfälle, aber nicht die Regel. Wo in der Vergangenheit Streitigkeiten ausgetragen wurden und vorübergingen, werden sie heute analysiert. Inzwischen sind sich die Familienunternehmen ihrer Schwachstellen bewusst und professionalisieren die Familie gemeinsam mit Mentoren von außen. In der Auseinandersetzung mit sich selbst entwickeln die Familien ein Bewusstsein dafür, was Familie und Unternehmen unterscheidet und verbindet. Sie müssen sich fragen, was »Familie« überhaupt meint, wer dazu gehört und warum, was Familie früher und was sie heute bedeutet, wie sich also die sozialen Strukturen und Rollen geändert haben. Man fängt an, die Familie zu durchdenken, sich auf bestimmte Regeln zu einigen, bestimmte Szenarien durchzuspielen, Rollen zu vergeben und, wenn notwendig, zu kreieren. Auf diese Weise schafft man feste Strukturen. Eine Sache, die man dabei einsehen muss, ist: Es darf nie immer nur die Familie zuerst kommen oder umgekehrt das Unternehmen immer an erster Stelle stehen. Damit ist gemeint, dass man beides zusammendenken, zusammenbringen und feinfühlig orchestrieren muss. Das »ganze Haus«, in dem Familie und Betrieb unter einem Dach agierten, hat sich zwar längst gewandelt, doch die Frage, wie Familie und Unternehmen zusammengedacht werden können, bleibt nach wie vor Kernpunkt einer »family governance«. Denn um Familienunternehmertum zu verstehen, muss man sehen, dass hier zwei ganz verschiedene Dinge zusammenkommen. Tagtäglich sehen wir Beziehungen zerbrechen, weil der Partner sich mehr um die Karriere als um den Partner oder die Kinder kümmert. Es ist nicht einfach, Familie und Beruf zu vereinbaren. Bei Familienunternehmen sind die Herausforderungen noch komplizierter, denn was sonst immer klar voneinander getrennt wird, ist hier eins: Die Familie ist das Unternehmen. Wir müssen uns in der Regel nicht fragen, was passiert, warum und wie man Familie managen muss oder welches Kind die Nachfolge antreten wird. Bei Familienunternehmen muss man all das. Man sollte also Familienunternehmen oder Familien und Unternehmen nicht als Gegenpole verstehen, sondern als verschiedene Strukturen, die man in einem Familienunternehmen ineinander verweben muss, was eine ganz eigene Logik für sich erschafft. Diese Logik zu durchschauen fällt vielen schwer. Manche sehen sie gar nicht. Dabei kann man, ohne die inneren Strukturen der Familienunternehmen zu begreifen, gar nicht verstehen, vor welchen Herausforderungen sie stehen.

Traditionsorientierte Familienunternehmen funktionieren über Generationen und dementsprechend auch oft über Jahrhunderte. Zum einen wird ihnen genau das zum Vorwurf gemacht, traditionell zu sein und den Zeitgeist einer modernen Gesellschaft nicht nur zu verpassen, sondern auch nur sehr langsam darauf zu reagieren, ihn im schlimmsten Fall sogar zu ignorieren. Neue Rollenbilder, neue Formen des Arbeitens, das alles scheint sich in einem Familienunternehmen nur langsam zu ändern. Zum anderen besitzen sie jedoch genau damit einen entscheidenden Vorteil: Familienunternehmen geben Stabilität in einer Welt, die sich immer schneller zu verändern scheint. Und wer denkt, Familienunternehmen seien weltfremd, liegt gänzlich falsch. In Krisenzeiten haben sie stets bewiesen, dass sie Überlebenskünstler sind, die zwar ihren Werten und Ideen treu geblieben sind, diese aber immer an die aktuellen Bedürfnisse der Menschen anpassen konnten.

Trotzdem hat sich in der Gesellschaft ein zwiespältiges Bild des Unternehmers entwickelt. Auf der einen Seite bewundert, wurde er auch immer schon beneidet. Thomas Mann hatte seinerzeit dieses Bild mit den Buddenbrooks detailliert nachgezeichnet und bis heute sind Familienunternehmen ein beliebter Topos in Literatur und Film. Jene fiktive Darstellung hat einen realen Ursprung. Mit der Industrialisierung kam die »soziale Frage« und mit ihr der Groll des armen Angestellten auf den reichen Vorgesetzten. Statt Stolz setzte sich Neid durch. Noch heute scheinen Familienunternehmer von Politik und Kultur wenig Zuspruch zu erfahren, vielmehr müssen sie es nun selbst in die Hand nehmen und erklären, wie wichtig Familienunternehmertum für Deutschland ist.

Der Text basiert auf Interviews mit namhaften Vertretern der deutschen Wirtschaft: Tom A. Rüsen ist Wirtschaftswissenschaftler und berät Familienunternehmen aus ganz Deutschland. Er ist geschäftsführender Direktor des *Wittener Instituts für Familienunternehmen* an der Universität Witten/Herdecke (WIFU) und geschäftsführender Vorstand der gemeinnützigen WIFU-Stiftung. In zahlreichen Publikationen beschäftigt er sich immer wieder von Neuem mit den komplizierten wie auch besonderen

Strukturen der Familienunternehmen. Erschienen sind u. a. »Krisen und Krisenmanagement in Familienunternehmen« (2008), »Die beiden Seiten der Unternehmerfamilie: Familienstrategie über Generationen« (2017), »Managing Business Family Dynasties« (2021), »Management der dynastischen Unternehmerfamilie. Zwischen Familie, Organisation und Netzwerk« (mit Heiko Kleve und Arist von Schlippe) (2021), »Theorie und Praxis der Unternehmerfamilie und des Familienunternehmens. Festschrift für Arist von Schlippe« (2021) und »Aktive Eigentümerschaft im Familienunternehmen – Elemente der Gesellschafterkompetenz in Unternehmerfamilien. Verstehen – Entwickeln – Anwenden« (mit Anne K. Heider) (2020). Arndt Kirchhoff ist Gesellschafter und Vorsitzender des Beirats des weltweit tätigen Fahrzeugkomponenten-, Entsorgungsfahrzeug- und Werkzeugherstellers Kirchhoff Gruppe mit Sitz in Iserlohn. Er vertritt zahlreiche Interessenverbände, u. a. als Präsident die Landesvereinigung der Unternehmensverbände Nordrhein-Westfalen e. V. Er ist Präsident des Instituts der deutschen Wirtschaft Köln (seit 2013), Vizepräsident der Bundesvereinigung der Deutschen Arbeitgeberverbände und Mitglied im Präsidium des Bundesverbandes der Deutschen Industrie (seit 2003). Fabian Kienbaum ist seit 2018 Chief Empowerment Officer (CEO) des ersten Beratungshauses in Deutschland, Kienbaum Consultants International. Er gibt – wie schon sein Großvater – Unternehmen eine Zukunftsperspektive. Sie alle haben sich gemeinsam zum Ziel gesetzt, das Bild von Familienunternehmertum und Familienunternehmern in Deutschland zu verbessern und nachhaltig zu stärken.

»family business first«: Familienunternehmen

Loriot hat uns gezeigt, wie es aussehen kann, wenn man versucht, eine Familie wie ein Unternehmen zu führen. Der Abteilungsleiter Heinrich Lohse muss in Pension gehen und fängt an, zu Hause in der Familie Unternehmensstrukturen fort- oder besser gesagt einzuführen. Aber das will einfach nicht klappen. Das kann man in verschiedenen Szenarien wie Meetings mit der Ehefrau, Zeitplänen mit der Putzfrau und der Einteilung von Arbeitsbereichen im Haushalt nachvollziehen. Der Sohn gehorcht nicht, der Hund »Wutz« sowieso nicht. Und das liegt im Grunde daran, dass Familie und Unternehmen nicht nur in anderen Dimensionen denken – für den heimischen Haushalt macht eine Palette Senf wenig Sinn, sondern auch daran, dass Familie und Unternehmen grundverschieden funktionieren.

Großflächig betrachtet gibt es vier verschiedene Arten und Weisen, wie ein Familienunternehmen gedacht werden kann. Keine ist besser als die andere, vielmehr bilden sie verschiedene Umgangsweisen mit dem Verhältnis zwischen Familie und Unternehmen ab, die alle ihre Vor- und Nachteile haben.[3] Unterschieden werden Familienunternehmen, die patriarchal organisiert werden, an deren Spitze also ein (Gründer-)Vater steht sowie das Modell einer operativ tätigen Familie, was bedeutet, dass immer ein Familienmitglied das Unternehmen führt. Daneben gibt es das Modell einer aktiven Eigentümerfamilie, in der die Familie als Eigentümer zwar Entscheidungen trifft, aber diese von einem Fremdmanager ausgeführt werden. Die Investorenfamilie hingegen sammelt das Vermögen eines jeden Familienmitglieds in einem »Pool«, um dann daraus in gemeinsame Ideen zu investieren. Das können u. a. gemeinnützige Projekte oder die Einrichtung neuer Institutionen und »family offices« sein. Nicht selten werden damit die Start-ups der nachfolgenden Generation gefördert. Jedes dieser Modelle illustriert eine »Denk- und Wertehaltung«.[4] Die Konflikte und Problemstellungen können je nach Modell spezifische Herausforderungen und Schwierigkeiten mit sich bringen. Zentral ist jedoch, dass diese Modelle nicht

---

3   Die Forschung spricht hier von verschiedenen »Mentalen Modellen«, vgl. Tom A. Rüsen/Arist von Schlippe/Torsten Groth: Mentale Modelle von Familienunternehmen. Wie Unternehmerfamilien über sich und ihre Verbindung zum Familienunternehmen denken, Witten 2019, S. 6 ff.
4   Ebd., S. 27.

konstant sind, zumindest sind sie das nicht immer oder über Generationen hinweg. Denn jede Generation kann potenziell ein eigenes »Selbstverständnis« als Unternehmerfamilie entwickeln.[5]

Familienunternehmen sind also so besondere und herausfordernde Unternehmenstypen, weil sie zwei Logiken gleichzeitig trennen und vereinen müssen: die der Familie und die eines Unternehmens. Während Familien eher emotional, loyal, gebunden agieren, sind Unternehmen sachlich, formalisiert, professionell. Die größte Aufgabe für das Familienunternehmen ist demnach ein Balanceakt, der darin liegt, beides – Familie und Unternehmen – beständig im Gleichgewicht zu halten. Die Herausforderung einer jeden Familienunternehmerin und eines jeden Familienunternehmers hat mit dieser Simultanität zu tun, gleichzeitig Teil der Familie und Teil des Unternehmens zu sein. Wer immer nur zugunsten des Unternehmens und ohne Rücksicht auf die Familie entscheidet, wird keinen Erfolg haben. Bleibt man umgekehrt völlig auf Familienlogik gepolt, dann ist das allerdings genauso problematisch. Ehen gehen zugrunde, weil die Firma immer wichtiger ist, eher gearbeitet, als Zeit mit der Familie verbracht wird. Väter geraten in Konfliktsituationen, wenn sie eine Nachfolgerin oder einen Nachfolger unter den Kindern auswählen und ihnen vorgeworfen wird, sich nicht für die oder den Kompetentesten, sondern das »Lieblingskind« entschieden zu haben. Davon lässt sich eine Familiendynamik ableiten, die eine nicht unwe-

---

5   Ebd., S. 24.

sentliche Rolle spielt. Aus der Erfahrung haben sich drei sehr wesentliche Problempunkte herauskristallisiert: Die Interessengewichtung von Familie und Unternehmen, die Doppelrolle als Unternehmer und Familienmitglied und der Generationenkonflikt.[6]

»In der Theorie sprechen wir von einer Strategie, von einer Orientierung an ›family first‹ oder einem ›business first‹. Egal, wofür man sich entscheidet, beides führt in den Untergang. Deshalb ist es auch so wichtig, immer die Familie und das Unternehmen gleichzeitig im Blick zu haben, und eine ›family business first‹-Perspektive einzunehmen. Das heißt, das Unternehmen muss überlebensfähig aufgestellt sein, und zwar in einer Art und Weise, die der Familie angemessen vorkommt, wo die Familie also nicht immer nur das Nachsehen hat.«

TOM A. RÜSEN <

Um diesen Problemen zu begegnen, entwerfen Familienunternehmen Strategien, die nichts anderes als Bewusstseinsbildung darüber betreiben, was Familie ist und was Unternehmen. Sie müssen erst einmal verstehen lernen, wie zwei grundverschiedene Dinge zusammengedacht werden können. Nicht selten geht ein solcher Familienstrategieprozess an die Substanz. Denn die Familie infrage zu stellen, kann unangenehm werden, vor allem wenn Familie in Zusammenhang mit dem Unternehmen

---

6   Jana Hauck: Die Familienstrategie, in: pFIFig. Beitragsreihe des Friedrichshafener Instituts für Familienunternehmen 1/2012.

gedacht wird und es um Rollenverteilung und Kompetenzen geht. In einer Familie ist man einfach, man wird in sie hineingeboren. Ein Unternehmen aber ist eine funktionale Organisation, bei der man sich um eine Aufnahme bewerben muss, das heißt qualifizieren muss. Wer aber entscheidet über die Qualifizierung? Welches Familienmitglied hat im Unternehmen die Entscheidungsmacht? Gerade die Beantwortung dieser Fragen – oder anders gesagt Entscheidungen – fällt Familienunternehmen oft besonders schwer, weil sie immer auch ein emotionales Moment beinhalten. Denn in einem Familienunternehmen bedeutet Entscheiden nicht nur, wirtschaftlich zu agieren, sondern auch persönlich. Mit bestimmten Personalentscheidungen wird man womöglich ein anderes Familienmitglied kränken. Die Interessen und Ziele sind vielleicht nicht immer dieselben. Der eine wird sich qualifizierter fühlen als der andere. In einem Familienunternehmen kommt man jedoch nicht um diese Entscheidungen herum, denn sie sind der Kernpunkt eines jeden Unternehmens: Denn ist man nicht entscheidungsfähig, dann ist man auch nicht handlungsfähig.

Die professionelle Unternehmerfamilie ist in der Lage, zu erkennen, dass eine Entscheidung zugunsten des Unternehmens nicht familienseitig gewertet werden darf. Die hohe Kunst liegt im Umgang mit paradoxen Entscheidungssituationen bzw. -erfordernissen. Es gibt eine anschauliche Anekdote, die das verdeutlicht: Ein Senior sieht sich gezwungen, den Junior zu entlassen, da dieser seinen Job schlecht ausführt und nur Fehlentscheidungen trifft. Nun tritt er auf den Junior bzw. Geschäftsführer zu und teilt ihm mit, dass er ihn leider abberufen muss.

Er sagt ihm noch drei Monate Gehalt zu und entlässt ihn damit. Im nächsten Moment nimmt er ihn in der Rolle des Vaters in den Arm und tröstet ihn, indem er sagt, er habe gerade gehört, dass er gefeuert wurde, und versichert, ihm unter die Arme zu greifen. Auch wenn das komisch klingen mag, bringt es doch genau das Problem der Vereinbarung von Unternehmen und Familie zum Ausdruck. Es bedarf der Kompetenz und der Fähigkeit, beide Logiken zu begreifen. Die Familienunternehmerin bzw. der Familienunternehmer muss bei seinen Entscheidungen verstehen und abwägen, was die Familie will und was das Unternehmen, was für die Familie wichtig ist und was für das Unternehmen. Der Kern der professionalisierten Auseinandersetzung mit dem eigenen Familienunternehmen liegt in dieser Umsetzung. Bleibt man untätig – was in der Vergangenheit sehr oft in Unternehmerfamilien passiert ist –, dann kommt es zu Streitigkeiten, Konflikten, Ungerechtigkeitsempfindungen, die durchaus mörderische Dynamiken annehmen können.

Mit Unternehmen und Familie treffen nicht nur zwei Logiken aufeinander, diese äußern sich auch in zwei verschiedenen Kommunikationsformen, gemeint sind formelle und informelle Kommunikation. Was bedeutet das? In einem Unternehmen gibt es festgelegte Formen oder, wenn man so will, Schablonen der Kommunikation. Kommunizieren ist formalisiert und in der Regel sachbezogen, es geht um Entscheidungen. Familien kommunizieren aber informell, oftmals geht es um die Gefühlswelt ihrer Mitglieder. Geschwister sprechen anders miteinander oder sagen sich andere Dinge als Manager das untereinander tun. Es herrscht eine sogenannte Bindungskommunikation. Deswegen fallen Familienunternehmern auch Vergleichsprozesse bzw. die Bewertung von Leistung so schwer. Denn in Familien wollen sich ihre Mitglieder aneinander »binden«, Mitglieder eines Unternehmens hingegen müssen »entscheiden«. Scheitert ein Familienmitglied, dann existiert eine hohe Verletzungsgefahr, gerade weil man es »persönlich« nimmt. Wer im Unternehmen scheitert, hat womöglich das Gefühl, auch nicht mehr vor die Familie treten zu können, und wer in der Familie nicht vertrauenswürdig ist, der ist es vielleicht auch nicht im Unternehmen. Oft ist ein Scheitern im eigenen Familienunternehmen mit einem totalen Gesichtsverlust in der Familiengemeinschaft verbunden. Daher ist es essenziell, dass sich eine Familie darauf einigt, wie sie im Konfliktfall miteinander umgeht. Sie muss sich sozusagen selbst regulieren. Im Problemfall können externe Mitglieder helfen, weil sie außerhalb der Bindungskommunikation der Familie stehen. Externe Beiratsmitglieder können der Familie etwa die Entscheidung abnehmen, ob jemand aus der Familie befähigt ist, eine Rolle in der Geschäftsführung zu übernehmen oder nicht. Aber eine Familie muss zuerst den Schritt tun und sich aktiv eine Perspektive von außen holen. Dass es hier klare Regeln und Verantwortlichkeiten gibt, kann dann auch der Belegschaft, den Banken oder den Kunden und Lieferanten Sicherheit geben, in Form einer geregelten Zukunft, die oft wichtiger sein kann als jede Gehaltserhöhung, jeder freie Tag oder jede Bürgschaft.

»Wir haben das aufgenommen im Sinne eines ›company first‹. Was wir damit meinen, betrifft eine Frage des Commitments. Zum Zeitpunkt der Gesellschafterversammlung hatten wir gar nicht abschließend absehen können, wie sich diese Corona-Pandemie auf unser Geschäft ausübt, und wir haben mit verschiedenen Szenarien gearbeitet. Da kam dann die Frage auf, inwieweit denn die Gesellschafter bereit wären, für den Fall X das Unternehmen entsprechend zu unterstützen. Hier hatten wir einen Referenzpunkt, an dem es konkret wurde und wo wir wichtige Zeichen dafür in die Organisation senden wollten, die unseren Mitarbeiterinnen und Mitarbeitern das Gefühl geben, dass wir als Unternehmerfamilie präsent sind und für den Fall X agieren können.«

FABIAN KIENBAUM <

Ein Mentoring, das solche unerwarteten Konflikte erwartbar machen kann, existiert noch nicht lange. Die ursprüngliche Betriebswirtschaftslehre – so wie sie sich im 19. Jahrhundert in Deutschland entwickelt hatte und bereits Anfang des 20. Jahrhunderts mit Joseph Schumpeters »Theorie der wirtschaftlichen Entwicklung« (1911) den Unternehmer und die Problematik der Nachfolge zum Thema machte[7] – wanderte im Zweiten Weltkrieg in die USA ab, wo auch die moderne Manage-

---

7   Vgl. Schumpeter: S. 529: »Der Unternehmer setzt seine Persönlichkeit ein und nichts andres als seine Persönlichkeit. Seine Stellung als Unternehmer ist an seine Leistung geknüpft und überlebt seine Tatkraft nicht. Sie ist essentiell nur temporär, namentlich auch nicht vererbbar: Die soziale Stellung entgleitet dem Nachfolger, der mit der Beute nicht auch die Klaue des Löwen geerbt hat. Der Betrieb, die darin vorhandenen Güter, sind nur eine tote Hülle der treibenden Kraft.«

mentliteratur entsteht. Dort herrscht ein kapitalmarkt-
orientiertes Managementverständnis, was bedeutet, dass
in der BWL-Ausbildung nach amerikanischem Modell
von anonymen Publikumsgesellschaften ausgegangen
wurde und die in den Lehrbüchern aus einem Deutschland der 1920er-Jahre standardmäßig verzeichneten
Familienunternehmen bzw. Familienbetriebe langsam
verschwanden. Erst in den 70er- und 80er-Jahren wurde
das Familienunternehmen wieder als Untersuchungs-
gegenstand in der Wirtschaftswissenschaft identifiziert.
Diese Forschung nahm in den USA ihren Anfang und
verbreitete sich dann Zug um Zug. Die tatsächliche Professionalisierung der Familienunternehmen fängt Ende
der 1990er-Jahre an. Seit dieser Zeit gibt es eine systematische »familiy business«-Forschung weltweit. Das
Wittener Institut für Familienunternehmen (kurz WIFU,
gegründet 1998 an der Universität Witten/Herdecke) war
die erste Forschungseinrichtung für Familienunternehmen in Deutschland. Daneben entwickelten sich auch
andere Institutionen, wie beispielsweise das *Institut für
Mittelstandsforschung* (ifm) in Bonn, das *Institut für Familienunternehmen und Mittelstand* (WHU) oder das *Friedrichshafener Institut für Familienunternehmen* (FIF). Durch
die systematische Erforschung wurden zunehmend Rat-
geberliteratur und Forschungsergebnisse veröffentlicht.
Außerdem entstand ein Beratungsangebot, das sich in
den letzten 25 Jahren stets weiterentwickelt hat. Noch nie
hatten Unternehmerfamilien derartige Möglichkeiten,
sich bei Nachfolge, im Umgang mit Konflikten und Fragestellungen zur Familienverfassung oder anderen Themen
familienseitig beraten zu lassen.

Familienverfassung:
Die Professionali-
sierung der Familie

Es gibt keine einwandfreie Definition[8] des Begriffs Familie und trotzdem wissen wir alle, wovon wir hier sprechen. An Feiertagen, Festtagen, großen Zusammenkünften – immer dann, wenn alle (mehr oder weniger gezwungenermaßen) zusammen etwas vorbereiten, feiern und es Diskussionsbedarf gibt – fragen wir uns, in welcher Verfassung unsere Familie eigentlich ist. Ein Familienfest organisieren ist eine Sache, ein ganzes Familienunternehmen führen eine andere. Wo die meisten schon bei der Organisation des Geburtstages an ihre Grenzen

---

8   Vgl. Rosemarie Nave-Herz: Pluralisierung familialer Lebensformen – ein Konstrukt der Wissenschaft?, in: Vaskovics L. A. (Hg): Familienleitbilder und Familienrealitäten. VS Verlag für Sozialwissenschaften, Wiesbaden 1997, S. 37, online unter: https://doi.org/10.1007/978-3-322-95733-7_5.

stoßen, schafft es eine ganze Reihe von Familien, einen Großteil der deutschen Wirtschaft am Laufen zu halten. Aber warum gelingt es bestimmten Familien, zusammen etwas (Großes) auf den Weg zu bringen, und das ohne – oder gerade trotz – Streit und Missgunst?

Früher mag das strenge Wort des Familienoberhauptes ein unumstößliches Gesetz gewesen sein. Es stand gar nicht zur Debatte, sich zu widersetzen, anderer Meinung zu sein oder nicht am gleichen Strang zu ziehen. Aber die Zeiten ändern sich. Heute ist es oft nicht mehr die Partiarchin, der Partriarch, von dem das Unternehmen abhängt, sondern ein stetig wachsendes und diverses Kollektiv von sehr individuellen Familienmitgliedern, die sich – eben weil sie so verschiedene Dinge von sich, dem Unternehmen und überhaupt der Welt erwarten – organisieren müssen. In den letzten Jahrzehnten sind Familienunternehmen dazu übergegangen, nicht mehr alles unter sich, im Familienkreis, auszumachen, zu besprechen und zu entscheiden. Sie holen sich Berater und Mediatoren von außen, die ihnen helfen, die Familie zu professionalisieren. Aber was heißt das überhaupt, »professionalisieren«? Professionalisieren heißt nicht nur Abläufe zu verbessern oder sie zu formalisieren, es meint auch, – denn das bedeutet das Wort Profession – etwas zum Beruf/zur Berufung zu machen. Wie mache ich also die Familie zum Beruf? Indem ich Strukturen finde, die Entscheidungen in der Familie vorhersehbar machen. Wichtigstes Instrument dafür ist die Familienverfassung[9] geworden.

---

9 Entsprechende Dokumente werden in der Praxis auch als Familiencharta, -statut, -kodex, -leitbild etc. bezeichnet.

Die Familienverfassung bezieht sich auf das, womit jede Familie zu kämpfen und jedes Unternehmen umzugehen hat: mit Erwartungen. Eine Familienverfassung ist so etwas wie ein Präventivmittel, sie bildet nichtrechtskräftige Statuten, die bereits durchspielen, was in Wochen oder Jahren passieren könnte. Und sie legt jene Handlungsmaximen fest, die in schwierigen Situationen Familie und Unternehmen »gesund« halten, eine Orientierung geben. Oft werden ihre Inhalte in weiser Vor(aus)sicht auch rechtskräftig formuliert und in die eigentlichen Verträge – Gesellschafterverträge, Erbregelungen, ggf. auch Eheverträge – integriert.

Eine Familienverfassung stellt Familien und ihre Unternehmen auf ein festes Fundament, weil sie der Familie nicht einfach oktroyiert, sondern gemeinsam festgelegt wird. Dazu ist es notwendig, dass sich alle an einen Tisch setzen und sich nicht ganz einfachen Fragen[10] stellen, die sich vielleicht so zusammenfassen lassen: Was erwartet man von sich, von den anderen und was erwartet man von seinem Unternehmen? Dieser zentrale Punkt zieht einen ganzen Rattenschwanz anderer Fragen nach sich, etwa wer überhaupt zur Familie gehört, welche Rollen oder Positionen für diese Familie geschaffen werden oder wie man mit Familienexternen (wie etwa Managern) umgeht? Das betrifft Fragen der Kommunikation, sowohl nach innen als auch nach außen, des Krisenmanagements und des Umgangs mit Vermögen. Nicht zuletzt muss die Fami-

---

10 Vgl. Arist von Schlippe/Torsten Groth/Tom A. Rüsen: Die beiden Seiten der Unternehmerfamilie: Familienstrategie über Generationen, Göttingen 2017, S. 229ff.

lie darüber nachdenken, welche Werte sie wirklich lebt,
ein »Dafür stehe ich mit meinem Namen« formulieren.
All diese Fragen werden gemeinsam gestellt und gemeinsam beantwortet.

»Es ist nicht nur extrem wichtig, dass sich die Familie Spielregeln gibt, sondern auch, dass sie sich diese Spielregeln
gemeinsam erarbeitet und man seine nächste Generation
damit beauftragt, sich Gedanken darüber zu machen,
wie sie das Unternehmen sieht, ob sie es verkaufen oder
behalten will. Bei der letzteren Entscheidung hat man wiederum viel zu regeln, einschließlich der Ausschüttungs-
politik, des Konfliktmanagements. Man fängt im Grunde
von vorne an. Man muss erst einmal klären, was und wer
überhaupt Familie ist, wer welcher Teil der Familie ist, wer
nur angeheiratet etc. und wer Gesellschafter ist und wer
unter welchen Bedingungen operativ tätig werden kann.«

ARNDT KIRCHHOFF <

Wann denkt die Familie also typischerweise über
eine Professionalisierung nach? In der Regel muss sich
ein Familienunternehmen spätestens dann solche Gedanken machen, wenn es an einen kritischen Punkt ge-
langt, etwa im Rahmen einer Nachfolgeplanung, wenn
die nächste Generation, die sogenannten NextGens, an
Bord geholt werden sollen. Die meisten Familien nutzen
die Gelegenheit, um eine Selbstklärung aufzubereiten.
Ein anderer Grund ist oft ein traumatisches Erlebnis,
wenn etwa eine Nachfolge gescheitert ist oder ein Fami-
lienzweig ausbezahlt werden musste, weil es einfach keinen anderen Ausweg, keine andere Lösung gab. Im Zuge

dessen fragen sich viele, wie es überhaupt so weit kommen konnte. Da begreifen die meisten Familien: »Jetzt müssen wir unsere alten Wunden lecken und sehen, wie wir das in Zukunft verhindern oder vermeiden können.« Das sind die typischen Beweggründe, aufgrund derer man heute in der Unternehmerfamiliengemeinschaft darüber nachdenkt, einen Professionalisierungsprozess in Angriff zu nehmen.[11]

> »Das Verfassungsthema ist eine sehr sensible Angelegenheit, weil man zwangsläufig auch Punkte berührt, die eine Abwägung brauchen: Man steht immer zwischen den Fragen ›Was ist das Beste für die Firma?‹ und ›Was ist das Beste für mich individuell?‹. Damit verbunden sind natürlich auch immer ganz unterschiedliche Lebensphasen, Träume, Fantasien etc. Solche sensiblen Fragen entstehen im Bauch – und es ist sehr wichtig, diese miteinander zu beantworten. Hier passiert im Moment bei den Nachfolgegenerationen sehr viel und das finde ich wunderbar. Denn ich glaube, es braucht genau an dieser Stelle transparente Regeln und Prozesse. Wir haben hier zum Beispiel bei der Nachfolge und aufgrund der Tatsache, dass ich im Unternehmen tätig bin, klare Verantwortlichkeiten über das Operative hinaus geschaffen und natürlich auch

---

11 Vgl. Tom A. Rüsen: Gesellschafterkompetenz in Unternehmerfamilien – Alles, was ein Gesellschafter und dessen Angehörige wissen und können sollten, in: Tom A. Rüsen/Anne K. Heider (Hg.): Aktive Eigentümerschaft im Familienunternehmen – Elemente der Gesellschafterkompetenz in Unternehmerfamilien. Verstehen – Entwickeln – Anwenden, Berlin 2020, S. 25–48.

Dass man eine Familienverfassung aufschreibt, ist einerseits neu und andererseits uralt. In Japan gibt es fast dreihundert Jahre alte Familienverfassungen, mit denen Familien kodifiziert haben, was für sie richtig und wichtig ist. In der westlichen Geschichte kennen wir etwas Vergleichbares aus dem ausgehenden Mittelalter. Im 15. und 16. Jahrhundert findet man Familienverfassungen wie etwa bei den Fuggern. Familien- bzw. Hausgesetze wie diese waren dann in der Frühen Neuzeit eigentlich schon gang und gäbe. Wenn der Vater gesprochen hat, dann war das das Recht der Familie. Historisch gesehen war die Familie, und das gilt bis in das 19. Jahrhundert, eine Arbeitsgemeinschaft. In einem Haushalt – hier hat sich die Metapher des »ganzen Hauses« (Wilhelm Riehl prägte diesen Begriff) eingebürgert – versammelten sich der Familienvater, die Mutter, die Kinder und die Angestellten. Sie alle lebten und arbeiteten unter einem Dach, immer in der Sorge um die eigene Existenz und die nächste Generation. Das änderte sich mit der Industrialisierung: Familie und Arbeit trennten sich. In der bürgerlichen Gesellschaft ging in aller Regel fortan der Mann zur Arbeit und die Frau kümmerte sich um den Haushalt. Was von der vorindustriellen Gesellschaft blieb, war der Gedanke, alles an seine Kinder weiterzugeben. In Unternehmerfamilien, die sehr traditionsverhaftet sind, gab es in der Vergangenheit daher eigentlich immer Erwartungen, und die Erwartungen waren oftmals die: Der männliche Erstgeborene übernimmt den Beruf des Vaters, geht in die Firma und wenn es sich um ein größeres Unternehmen handelt, folgen vielleicht auch die Brüder. Im Gegensatz dazu wurden die Töchter profitabel verheiratet, sie wurden in der Regel nicht beteiligt und übernahmen auch keine Management-Aufgaben – hier spiegeln sich die Zeit und ihre gesellschaftlichen Erwartungshaltungen wider.

Spätestens in den »wilden Siebzigern« begann etwas, das man Individualisierung nennen könnte. Potenzielle Nachfolger fingen an, alte Ordnungen infrage zu stellen. Das mag damit zusammenhängen, dass während des Zweiten Weltkriegs nur wenig Alternativen zum eigenen Familienunternehmen da waren. Später, als immer mehr Berufe zur Auswahl standen und Deutschland auf ein Wirtschaftswunder zuging, gab es schlichtweg mehr Optionen und der Drang nach Unabhängigkeit nahm zu.[12] Dazu kam, dass sich das Modell Familie immer wieder selbst wandelte, immer vielfältiger wurde. Man konnte nicht mehr nur von einer Kernfamilie aus Vater – Mutter – Kind ausgehen. Es traten »externe« Menschen dazu, Ehen wurden geschieden, es gab auf einmal Exfrauen und Exmänner, Kinder wurden adoptiert, Patchwork-Konstellationen entstanden etc. – langsam, aber sicher entstand also eine »modern family«, die das »modern family business« vor eine ganze Menge (neuer) Probleme stellte und heute noch stellt.

12 Heiko Kleve/Tobias Köllner: Soziologie der Unternehmerfamilie. Grundlagen, Entwicklungslinien, Perspektiven, Wiesbaden 2019, S. 5.

>»Die Zeit ist natürlich komplexer geworden und man ist
nicht mehr so abhängig voneinander. Früher hat man
mehr auf den Vater und die Mutter hören müssen. Was sie
gesagt haben, war sozusagen Gesetz. Wir – wenn man sich
die letzten Generationen mal ansieht, hat sich das in den
letzten Jahren sehr verändert – haben so ein Unabhän-
gigkeitsgefühl. Wir haben angefangen, zu diskutieren, zu
hinterfragen, vielleicht sogar Revoluzzer zu spielen.«

ARNDT KIRCHHOFF <

Historisch gesehen gab es aber auch immer mal Unternehmer, die die Dinge durchbrochen haben. Das 1876
von Fritz Henkel gegründete Unternehmen (das wir heute noch von Marken wie Persil, Pattex etc. kennen) war
bereits ein Leben lang in Familienhand, als er es nach seinem Tod an seine Kinder weitergab. Auch seine Tochter
beteiligte er mit 20 Prozent, was damals völlig atypisch
war. In Statuten legte Henkel fest, wie es mit den verschiedenen Kindern weitergehen sollte, etwa welcher Fa-
milienzweig wie viele Mitglieder in die Geschäftsführung
und Aufsichtsgremien »entsenden« durfte. Ein anderes
Beispiel ist die Familie Haniel, die 1917 beschloss, das Unternehmen nicht mehr zu managen, sondern nur noch
auf der Eigentümerseite zu agieren.[13] Konkret bedeutete
das: Unternehmensmanagement auf der einen Seite, Familie auf der anderen. Man ist ein Haniel, arbeitet aber
nicht bei Haniel, das Management befindet sich »kom-

13 Vgl. https://www.haniel.de/fileadmin/content/_global/pdf/allge-
    mein/1505_haniel_geschichte_d_lo_16.pdf (29.05.2021).

plett in fremden Händen«.[14] Bereits damals gab es sehr viele Haniels und damit auch sehr viele Eigentümer – hundert Jahre später waren es bereits über 550,[15] inzwischen sind es rund 720 Gesellschafter, die hinter einem Unternehmen stehen, das mit 20.400 Mitarbeiterinnen und Mitarbeitern jährlich einen Umsatz von 3,1 Milliarden Euro erwirtschaftet.[16]

Durch die Gesellschaftsveränderungen der letzten 50 Jahre schaut man mittlerweile ganz anders auf Töchter, schaut man anders auf Vererbung. Es bekommt nicht mehr nur der männliche Erstgeborene alle oder die Mehrheit der Anteile, sondern alle Kinder gleich viel usw. Und das bedeutet für eine Unternehmerfamilie, dass sie die Erwartungen, die sie vielleicht schon seit drei oder sogar vier Generationen an ihre Nachkommen hatte, nicht einfach fortschreiben kann. Sie muss sich vergewissern, ob diese Erwartungen überhaupt noch passend sind und ob die Mitglieder aus der Unternehmerfamilie bereit sind, diese Erwartungen zu erfüllen.

> »Diese Freiheit, diese Individualisierung hat schon seit ein, zwei Generationen stark zugenommen und gerade verschiebt sich hier etwas, sodass man als Unternehmerfamilie nicht mehr von einer sicheren Nachfolge ausgehen kann, sondern sich überlegen muss: Wie schaffen wir es

---

14   https://www.haniel.de/unternehmen/ (29.05.2021).
15   Der diskrete Aufstieg des Hauses Haniel (ohne Verfasser), in: Ruhr Revue, 10.11.2008. Online unter: https://www.derwesten.de/kultur/der-diskrete-aufstieg-des-hauses-haniel-id1163994.html (22.10.2021).
16   https://www.haniel.de/unternehmen/ (29.05.2021).

eigentlich, die nächste Generation interessiert zu halten? Ehrlich gesagt ist es auch für das Unternehmen gar nicht förderlich, wenn hier jemand in die Verantwortung geht, der das weder will noch kann. Das führt nahezu immer zum Untergang des Unternehmens. Daher ist es viel besser, wenn sich die Familie in die Augen schaut und sagt: Wollen wir das noch? Und wenn ja, wie und unter welchen Bedingungen?«

TOM A. RÜSEN   <

Man stellt es sich einfach vor: Eine Familie trifft sich, sie einigt sich und unterschreibt einen internen Vertrag. Aber »Konflikte sind Standard«[17]. Themen wie Mitarbeit (Wer bestimmt, wer wo mitarbeiten darf, wer »richtet« über die Familie – etwa, wenn der Familienpatriarch bestimmt, was der Junior machen muss?), Leistung (Wer ist für welche Position geeignet? Was, wenn mein Cousin diese Position will, sie bekommt, sie aber nicht gut macht?), Vergütung (die Gefahr der Aufopferung für die Familie, das familiäre Taschengeld versus Vergütungsstandards der Wirtschaft) und Kommunikation (in einer Familie gibt es eine Bindungskommunikation, was ich meiner Schwester sagen würde, würde ich vielleicht nicht so einem Investor sagen) müssen erst einmal ausdisku-

---

17   Hier und im Folgenden: Arist von Schlippe: Das kommt in den besten Familien vor – Systemische Konfliktbearbeitung in Familien und Familienunternehmen, Stuttgart 2014; Arist von Schlippe/Tom A. Rüsen: Konflikte und Konfliktdynamiken in Unternehmerfamilien – Empfehlungen zum Umgang mit familieninternen Auseinandersetzungen. Praxisleitfaden des Wittener Instituts für Familienunternehmen (WIFU), Witten 2020.

tiert werden. Das heißt, alle Konflikte, die man sich privat
in der Familie vorstellen kann, können zu Konflikten im
Unternehmen werden.

»Natürlich bergen solche Prozesse ein beträchtliches Kon-
fliktpotenzial, deswegen ist es auch essenziell, das nicht
in Eigenregie zu machen, sondern sich begleiten zu lassen.
Und ich glaube, es ist sinnvoll, sich dabei auch immer
selbst noch einmal zu hinterfragen und zu reflektieren. Die
Vielfalt der Erfahrungswerte – wir sind alle individuell
geprägt und bringen Sichtweisen und Meinungen in
so einen Prozess ein – kann sehr dienlich sein, um so die
Perspektiven aller anderen einzunehmen, selbst,
wenn es zu Tränen führen mag. Entscheidend ist: Themen
nie unter den Teppich zu kehren, und wenn das Eskala-
tionspotenzial manchmal zu groß wird, in Kleingruppen
weiterzuarbeiten. Denn gewisse Themen sind ja da, und
wenn man sie nicht angeht, arbeiten sie im Hintergrund
weiter und dann, glaube ich, kommt es in Ernstsituationen
groß zum Tragen. Das sieht man dann in solchen Familienunternehmen, in denen heftige Streits ausbrechen. Und
so kann es eben zu dem kommen, was man unbedingt
vermeiden will: dass man nicht mehr handlungsfähig ist.
Das ist z. B. etwas, was wir in der Verfassung bei uns auch
niedergeschrieben haben. Unter allen Umständen müssen
wir eine solche Lösung finden, dass die Handlungsfähig-
keit des Unternehmens stets gegeben ist und auch schon
vorher die Voraussetzung für ein solches Aufrechterhalten
geschaffen wird.«
> **FABIAN KIENBAUM**

Die Familie muss sich auf Werte, Verhaltenserwartungen, eine Willensbekundung, kurz darüber, wie die Familie über bestimmte Dinge denkt, einigen. Und das ist deshalb wichtig und notwendig geworden, weil die Familienstrukturen sich auffalten. Es gibt immer größere Gesellschafterkreise und es gibt immer mehr Strömungen aus der Gesellschaft in diese Unternehmerfamilien hinein. Folglich muss sich die Familie überlegen, ob das eigentlich noch so passt, wie in dem Familienunternehmen in der vierten oder fünften oder wievielten Generation gedacht wird. In der Unternehmerfamilie findet die Beschäftigung mit sich selbst und mit diesen Fragestellungen strukturiert statt. Familienstrategie – »family governance« – ist per se nichts Neues, jedoch ist sie in den letzten 20 bis 30 Jahren sehr explizit geworden und es wurden Verfahren und Mechanismen etabliert, um diese ein Stück weit zu professionalisieren.[18]

»Deshalb umfasst eine Familienverfassung auch Benimmregeln (eine Kommunikation auf einem bestimmten Professionalitätslevel) und Entscheidungsprinzipien, die definieren, wie man auftritt, was man voneinander oder von dem Unternehmen erwartet, und wie sich Vermögen denken lässt. All das nennt sich »family governance« im Rahmen einer Familienstrategie, und es mündet am Ende des Tages darin, sich als Familie zu vergewissern, dass man bestimmte Dinge ähnlich sieht und dass man über

18 Arist von Schlippe/Torsten Groth/Tom A. Rüsen: Die beiden Seiten der Unternehmerfamilie – Familienstrategie über Generationen, Göttingen 2017, S. 19ff.

bestimmte Dinge im Einvernehmen entscheidet oder nach bestimmten Regeln abstimmt. Außerdem gibt es Statuten zur Anteilsübertragung und zur Mitarbeit im Unternehmen, idealerweise wird das in Teilen auch im Gesellschaftervertrag umgesetzt, wo es dann auch gesellschaftsrechtlich von Relevanz ist. Aber es ist wichtig zu verstehen, dass es hier nicht nur um Rechtliches oder um rechtskräftige Regelungen, sondern um die gemeinsame Haltung innerhalb der Unternehmerfamilie geht.«

> **TOM A. RÜSEN**

Eine Familienverfassung oder »family governance«, also die Familienstrategie, muss von einer Firmenstrategie deutlich unterschieden werden. Die Frage der Unterscheidung zielt auf das ganz zentrale Verhältnis von Familie und Unternehmen und auf das Problem ab, wie beides vereinbar sein kann. Die Unternehmensstrategie beschäftigt sich mit Produkten, Kunden, Märkten, dem Wettbewerb, es stecken Ziele dahinter und ein Zielekatalog, der einem sagt, wie und mit welchen Maßnahmen man diese erreichen kann – völlig unabhängig von der Frage, ob dahinter eine Familie oder eine anonyme Aktionärsgemeinschaft steht.

»Eine Familie muss man professionalisieren, wenn ich sage professionalisieren, dann meine ich damit, Strukturen zu schaffen. Das muss man auch im Unternehmen machen, man muss Strukturen in Einkaufsprozesse, Personalbeschaffungsprozesse, Produktionsprozesse bringen, also nicht nur in die Administration, sondern auch in die Produktion. Und das muss man meines

Erachtens konsequenterweise auch in der Familie machen. Vielleicht sind diese Strukturen teilweise auch schon vorgegeben, durch das Alter oder bestimmte Fähigkeiten und, und, und … Aber über diese Strukturen muss man sich erst im Klaren werden und man muss sie voneinander trennen: Die Strategie für die Familie muss separat zur Strategie für das Unternehmen sein. Man muss Prozesse anlegen, um die Familie zusammenzuhalten und das Unternehmen zu schützen – auch oder gerade vor der Familie. Je klarer das ist – das muss man thematisieren, darüber muss man sprechen –, desto eher definiert man gemeinsame Ziele, hinter die man ein gemeinsames Commitment setzen kann. Im Grunde genommen muss man herausfinden, was das Einzelziel ist und wie hieraus ein gemeinsames Ziel entstehen kann. Und man muss auch Exit-Lösungen haben. Kurz gesagt: Familie muss man managen.«

ARNDT KIRCHHOFF <

Was ist das Besondere an einem Familienunternehmen? Ein Unternehmen hat einen Unternehmenszweck. Aber welchen Zweck hat eine Familie? Den beständigen Erhalt der Familie selbst. Eine Unternehmerfamilie vereint beide Zwecke: den Erhalt des Unternehmens in den Händen der Familiengemeinschaft. Damit dies möglich bleibt, muss ein Familienunternehmen in jedem Fall handlungsfähig bleiben, den Betrieb in die nächste Generation zu tragen, ist das oberste Ziel. Das postmoderne Familienmodell, wie wir es heute kennen, macht die Kinder nicht mehr abhängig von den Eltern. Die Kinder entscheiden, welchen Lebensweg sie gehen, jede und jeder will sozusagen seinen oder ihren eigenen Weg gehen. Das ist ein gesellschaftlicher Trend, der in den 1970ern beginnt und bis heute anhält. In einem Familienunternehmen fühlt man sich aber einer gemeinsamen generationenübergreifenden Aufgabe verpflichtet. Dabei haben wir es mit einem anachronistischen Familiensystem zu tun – und das finden wir in unserer Gesellschaft sonst nur im Adel. Etwa wenn eine Familie eine Burg, ein Schloss oder ein Familienanwesen besitzt, das sie erhalten will, und das seit 1103 ... Dass sich Familienverbände generationenübergreifend miteinander beschäftigen und zusammen sind, ist etwas sehr Untypisches für unsere moderne westliche Gesellschaft.

»Die größte Gefahr für ein Familienunternehmen besteht darin, dass die Familie nicht zusammenhält – wenn angefangen wird, sich gegenseitig missgünstig zu verhalten, sich zu beneiden, bis man sogar miteinander prozessiert, weil der eine dem anderen etwas nicht gönnt – und die Familie plötzlich völlig aus den Augen verliert, dass da ein Unternehmen ist, das nicht Privatsache der Familie ist, sondern hinter dem auch eine gesellschaftliche Verpflichtung steht. Schließlich sind davon auch Arbeitsplätze und Familien abhängig. Das heißt, man hat das erfolgreich zu führen, völlig unabhängig von den Interessen einer Familie. Am Ende muss man etwas tun, damit die Familie zusammenhält, die einzelnen Mitglieder müssen sich zusammenraufen und einen gemeinsamen Weg finden. Wenn das hält, hat man eigentlich das getan, was das oberste Ziel eines Familienunternehmens ist. Das ist nicht das Ergebnis des nächsten Jahres, nein, das große Ziel eines Familienunternehmens ist es, das Unternehmen in die nächste Generation zu übergeben und zwar ›gesund‹, sodass es eine Chance hat, weiterzuleben. Was dann passiert, können die älteren Familienmitglieder nicht mehr regeln und sie müssen dann auch tolerant sein.«

ARNDT KIRCHHOFF <

Unternehmerfamilien sind mit Möglichkeiten ausgestattet, mit Vermögen, mit Ausschüttungen und Vorteilen – aber sie haben eben auch eine Aufgabe: Sie wollen das Familienunternehmen in die nächste Generation überführen, also »Enkelfähigkeit« herbeiführen. Das stellt diese Familien vor die Herausforderung, sich permanent über bestimmte Dinge austauschen und verständigen zu müssen. Denn die meisten Menschen werden sich mit ihrer Cousine zweiten oder dritten Grades wahrscheinlich nicht ein paar Mal im Jahr treffen, um Familiarität zu pflegen. Diejenigen aber, die das tun, weil sie ihre gemeinsame Historie und Tradition pflegen, sind Eigentümer, Familienmitglieder einer Unternehmerfamilie und sie wollen dieses gemeinsame Eigentum in den Händen der Familiengemeinschaft erhalten. Und das ist sozusagen die Zumutung einer Unternehmerfamilie, immer wieder zu versuchen, nicht nur Entscheidungen zu treffen, sondern gemeinsame Entscheidungen zu treffen. Die Spannungen, die dabei auftreten, sind etwas, was für die meisten Mitglieder unserer Gesellschaft eher nicht vorstellbar ist.

»Ich glaube, die unwahrscheinliche Kraft eines Familienunternehmens liegt genau darin: Wenn man einander vertraut und gemeinsam spielt, dann ist man ja schier unschlagbar, als Team, egal wer wie auch immer mitwirkt. Wenn es zu Rissen und zu Problemen kommt, dann leidet nicht nur das Unternehmen, sondern häufig auch die Familie darunter. Deshalb sind das Thema der Professionalisierung und das offene Durchspielen von Szenarien auch so wichtig. Das alles geht in die Verfassung ein, als sehr klares Regelwerk kann sie das alles eindämmen. Man ist zweifelsohne nicht von Konflikten befreit, aber je klarer und transparenter man mit den Themen umgeht – insbesondere auch zu Lebzeiten, falls etwas noch einmal aus der Vergangenheit herrühren sollte –, desto höher ist die Wahrscheinlichkeit, dass auch die Zukunft gelingt.«

> **FABIAN KIENBAUM**

Man kann es vielleicht so auf den Punkt bringen: Familie ist Vorteil und Nachteil eines Unternehmens. Denn Familienunternehmen scheitern in der Regel – wenn es nicht maximale wirtschaftliche Verwerfungen gibt oder eine neue Technologie aufkommt – an Eigentümerkonflikten.[19] Und diese Konflikte haben ihren Ursprung darin, dass Familien typischerweise keine strategiefähigen Organisationen sind, wie das ein Unternehmen ist. Die Logik einer Familie liegt nicht darin, Entscheidungen für das Unternehmen zu produzieren, die einer Unterneh

---

19 Tom A. Rüsen: Krisen und Krisenmanagement in Familienunternehmen (2. Aufl.), Berlin 2016, S. 107ff.

merfamilie schon. Hier besteht ein grundsätzliches Spannungsfeld. Familienstrategische Entwicklungsprozesse, die in einer Familienverfassung ausformuliert werden, dienen dazu, solche Entscheidungsfindungen eben nicht in Konflikte münden zu lassen. Wenn es konfliktbehaftete Themen gibt, dann müssen diese Themen nicht ausgestritten werden, sondern sie werden in einem strukturierten Prozess behandelt, besprochen, abgearbeitet und aufgelöst. Hier hat man auch Gelegenheit darüber zu reden, wie man eigentlich mit der Entscheidung umgeht, die damals vom Großvater getroffen wurde, und darüber, dass man sich mit dieser Entscheidung vielleicht heute noch ungerecht behandelt fühlt. Das heißt, diese familienstrategischen Prozesse sind auch Reflexionsprozesse, in denen man Konfliktthemen kontrolliert auslöst und auflöst, ihnen ein Stück weit die Schärfe nimmt. Darin steckt eine Menge Potenzial, um sich als Familie neu zu begegnen und sich auch als solche neu kennenzulernen, aber auch alte, schlummernde Themen anzuschauen und zu bearbeiten. So kann Enkelfähigkeit systematisch erarbeitet werden.

Transgenerationales Moment:
»NextGens« – jeder darf, keiner muss

Die wenigsten Unternehmer wollen »probesterben« –
also überhaupt einen Gedanken daran verschwenden,
dass es sie irgendwann nicht mehr geben könnte. Diese
Patriarchen halten sich oft für »unfehlbar, unverwundbar
und unsterblich« – Experten sprechen von den »3 Us«.[20]
Die Familien der Familienunternehmen aber stellt das
vor ein Problem: Sie können nicht planen. An dieser
Stelle muss man einen Schritt zurückgehen und sich fragen, weshalb heutige Familienunternehmen überhaupt
planen müssen. Heute kann von einem Sohn oder einer

---

20 Vortrag von Prof. Dr. Tom A. Rüsen zum Thema »Notfallkoffer
    für Familienunternehmer«, gehalten auf dem 59. Forum Famili-
    enunternehmen.

Tochter nicht mehr erwartet werden, dass er oder sie die Nachfolge antritt. Neue Familienkonzepte geben den Kindern mehr Freiheiten, sie sind nicht mehr unbedingt vom Elternhaus abhängig und können ganz eigene Wege gehen. In einer liberalisierten Gesellschaft entstehen zwangsläufig auch neue Gesellschaftsordnungen. Rollenbilder und Lebensmodelle fangen an, sich maßgeblich zu verändern. Wo früher die Gesellschaft ganz klar definierte, was Familie ist und wie Familie funktioniert, sind heute die Familienbilder und Lebensläufe so vielfältig geworden, dass die alten Rollenbilder und die Erwartungen an den Nachfolger, die jahrhundertelang bestätigt wurden, schlichtweg nicht mehr erwartbar sein können.

Man sagt, jeder sei des eigenen Glückes Schmied. Es liegt also an jedem selbst. Allerdings kann das für ein Familienunternehmen den Untergang bedeuten. Etwa dann, wenn der Sohn oder die Tochter das Unternehmen nicht weiterführen will oder kann. Auch dafür müssen Familienunternehmen Regelungen treffen. Dazu kommt, dass Lebensläufe selten konstant sind. Heute treffen wir längst nicht mehr Entscheidungen fürs Leben. Viele wollen sich immer wieder neu (er)finden und auch das kann ein Familienunternehmen gefährden. Heute gehen die »NextGens« selten sofort ins Unternehmen. Oft schlagen sie einen anderen Weg ein oder bereisen die Welt – manche kehren nach Hause zurück, andere nicht; und wer zurückkehrt, steigt vielleicht nicht direkt in den elterlichen Betrieb ein, sondern gründet probeweise sein eigenes kleines Unternehmen. Anders gesagt: Die Lebensläufe sind heute sehr viel divergenter als früher. Die Familie des Familienunternehmens muss hier tolerant sein, unterstützend wirken und nicht versuchen, das zu verhindern.

»Also man sollte doch das tun, wozu man Lust hat, das gilt auch für die Berufswahl. Wenn mich manchmal junge Menschen fragen, was sie werden sollen, dann antworte ich in der Regel mit einer Gegenfrage: ›Worauf hast du denn am meisten Lust?‹ Die Eltern fallen bei der Antwort der Kinder dann oft vom Stuhl. Dabei ist die Frage ganz ernst gemeint. Denn nur wenn man die Antwort auf diese Frage kennt, kann man erfolgreich werden. Da muss man versuchen – und das gilt für jede Familie –, seinen Kindern die Chance zu geben, sich in dem Bereich zu entwickeln, in dem sie gut sind. Ob das nun Musik ist oder Kunst … Auch im Familienunternehmen gibt es viele, die lieber etwas anderes machen. Doch am Ende sollte man das tun, was einen motiviert. In einer Familie muss man sich immer fragen, wo das Kind hinwill, wo man helfen und unterstützen kann. Hat man das getan, dann muss es alleine die Flügel ausbreiten und fliegen. Man sollte nicht versuchen, es zu unterdrücken, zu verändern oder zu formen, vielmehr muss man schauen, wo das Talent eines jeden einzelnen Kindes liegt, und dann kann man ihm oder ihr helfen, eigene Fähigkeiten zu entwickeln.«

> **ARNDT KIRCHHOFF**

Vor ungefähr 50 Jahren, das heißt vor etwas mehr als einer Generation, war es meist noch undenkbar, dass in der Geschäftsführung des eigenen Familienunternehmens niemand aus der Familie sitzt. Die Unternehmensführung sollte mit Familienmitgliedern besetzt, die Familie im Unternehmen repräsentiert sein. Das hat häufig dazu geführt, dass Familienmitglieder, die eigentlich einen ganz anderen Beruf ergreifen wollten, trotzdem im Unternehmen operativ tätig wurden. An diesen fehlgeleiteten Erwartungen sind vielmals Nachfolgen gescheitert, immer dann, wenn Rollen eingenommen wurden, die die Personen nicht wollten oder nicht ausfüllen konnten. Der neuen Generation geht es weniger um Karriere und Pflichtgefühl und mehr um ein Freiheitsgefühl und die damit einhergehende Individualisierung. Deshalb folgt man auch nicht mehr unbedingt den Erwartungen der Familie. Für die Unternehmerfamilie bedeutet das, sie muss sich überlegen, wie es möglich ist, die nächste Generation interessiert zu halten.

»Noch heute versuchen manche Familien ihren Kindern zu sagen, was sie zu tun haben. Ein Beispiel ist hier die Wegzugsbesteuerung. Wenn man seinen Kindern sagt, dass sie sich nicht außerhalb der EU, besser noch außerhalb von Deutschland verlieben dürfen, dann sagen die Kinder natürlich früher oder später, dass es ihnen jetzt reicht, dass sie die Nachfolge gar nicht erst antreten. Und dann stehen diese Familien da, ohne Nachfolge. Manche verstehen nicht, dass es gar nicht dramatisch sein muss, wenn jemand aussteigen und vielleicht etwas ganz anderes machen möchte, womöglich auch ganz woanders. Das kann völlig in Ordnung sein – wenn man darauf vorbereitet ist. Wenn der Ausstieg aus dem Unternehmen als geordneter Prozess stattfindet, dann gelingt so etwas auch. Das systematisch zu tun, das setzt eine Familie vor Spannungen, weil sie sich mit dem schlimmsten Fall konfrontiert

sieht, nämlich mit der Angst, keine Nachfolgerin oder keinen Nachfolger zu haben und das zu verlieren, wofür man
sich ein Leben lang und eigentlich über das eigene Leben
hinaus eingesetzt hat.«

> **TOM A. RÜSEN**

Wenn die Familienmitglieder bzw. die potenziellen
Nachfolgerinnen und Nachfolger ganz andere Berufe
wählen, sich also gar nicht mehr mit dem Unternehmen
beschäftigen und keine Ahnung von den unternehmerischen Zusammenhängen haben, ist das auf Dauer nicht
förderlich. In solchen Fällen spricht man von verwahrlos-
ten Familienstrukturen. Verwahrlosung bedeutet, dass
man das individuelle Interesse, die individuelle Selbst-
erfüllung und die individuelle Nutzenmaximierung über
den Wert der Gemeinschaft des Unternehmens stellt.
Die Folge sind Auseinandersetzungen, bei denen das Unternehmen meist verliert, und damit am Ende auch die
Kunden, Lieferanten und Arbeitnehmerinnen und -neh-
mer. Verwahrloste Familienstrukturen entstehen, wenn
man sich eben nicht angemessen auf die Eigentümerrolle
vorbereitet, indem man sich nicht ausbildet, indem man
nicht als Ansprechpartnerin oder -partner fungiert, sich
nicht als Vertreterin oder Vertreter des Eigentums und
des Kapitals sieht, sich also gar nicht erst in eine Kom-
petenzposition bringt, aber trotzdem die Sonnenseiten
des Gesellschafterdaseins (aus)nutzt, und zwar, indem
man von den Ausschüttungen lebt und sie für den priva-
ten Konsum verwendet. Der Verkauf des Unternehmens
ist dann tatsächlich die beste aller familienstrategischen
Entscheidungen. Denn dann kommt es in verantwor-

tungsvolle Hände, die das Eigentum und das Unternehmen gut führen.

»Wir haben uns beispielsweise als Familie an einem Produktionsstandort getroffen und gezeigt bzw. erklärt, was wir so machen. Die Kinder waren zwischen 16 und 26, mitten in der Ausbildung, also weit weg von der Möglichkeit, dass man überhaupt an eine Führungsposition in einem Unternehmen denken konnte. Uns ging es erst mal gar nicht um die Geschäftsführung, sondern um die Gesellschafterkompetenz. Was ist denn überhaupt ein Gesellschafter? Was macht eine ›gute Gesellschafterin‹ bzw. einen ›guten Gesellschafter‹ aus? – In Kleinunternehmen, im Handwerk, als Landwirt ist das oft nicht das Thema. Aber wenn man ein größeres Unternehmen hat, ist es das Wichtigste, dass man entsprechende Gesellschafterkompetenzen aufbaut und diese thematisiert.«

ARNDT KIRCHHOFF <

Die nächste Generation muss sich nicht nur damit auseinandersetzen, ob sie eine operative Position im Unternehmen übernehmen will oder kann. Denn das Berufsbild Familienunternehmer hat nicht unbedingt etwas mit der Führung der Firma zu tun. Wenn jemand Interesse hat und mitarbeiten möchte, dann muss sie oder er auch ein guter Gesellschafter sein. Je verzweigter die Familie und je größer damit auch der Gesellschafterkreis ist, desto schwieriger ist dieser zu organisieren. Es gibt verschiedene Beispiel dafür, wie man mit dieser Schwierigkeit umgehen kann. Etwa die Firma Freudenberg in Weinheim (der Vileda-Wischmop ist eines der bekanntes-

ten Produkte des Mischkonzerns). Mit über 300 Familienmitgliedern und Gesellschaftern gehört sie zu den größten Kommanditgesellschaften Deutschlands.[21] Sie hat einen persönlich haftenden Gesellschafter eingesetzt, der
für die 48.000 Mitarbeiter den Geist des Firmengründers
Carl Johann Freudenbergs bewahrt.[22] Der Gesellschafterausschuss ist mit mindestens 50 Prozent (7 von 12) mit
Familienmitgliedern besetzt. Der Ururenkel des Firmengründers leitet den Aufsichtsrat und sitzt dem Gesellschafterausschuss vor. Gesellschafterverträge haben hier eine
Dauer von 30 Jahren oder länger. Strategische Entscheidungen müssen vom Ausschuss genehmigt werden. Einmal im Jahr treffen sich sämtliche Gesellschafter für ein
Wochenende. Für jene Gesellschafter, die es ins Ausland
verschlagen hat, gibt es regionale Treffen, bei denen über
die neuesten Entwicklungen und Entscheidungen des
Unternehmens informiert wird. Hier versucht man den
Zusammenhalt durch gemeinsame Treffen und Entscheidungen aufrechtzuerhalten. Der familienexterne Vorstand wird als persönlich haftender Gesellschafter für die
Zeit der Tätigkeit an dem Unternehmen beteiligt und so
zum »Vetter auf Zeit« gemacht, die Familie übt ihre Rolle
im Aufsichtsgremium aus.

Der Grund liegt in der Größe der Familie: Die Wahrscheinlichkeit, dass sich in einem solch großen Kreis jemand findet, der das machen möchte und kann, ist groß.

21 https://www.freudenberg.com/de/unternehmen/ueber-freuden-
    berg# (31.07.2021).
22 Annina Reimann: Wie der Freudenberg-Chef 320 Erben bei Lau-
    ne hält, in: WirtschaftsWoche, 10.01.2017.

Noch größer ist jedoch die Wahrscheinlichkeit, dass es nicht nur eine Person machen möchte, sondern zwei oder mehr. Nicht selten kommt es hier zu Auseinandersetzungen und Kämpfen, weil nicht klar ist, wer »darf«. Dann kann es klug sein, dass niemand aus der Familie in der Firma arbeitet. Wenn dieses Thema schon einmal geklärt ist, findet auch kein Streit statt und man kann sich auf die Frage konzentrieren, was zu tun ist, damit die Firma gesund bleibt. Natürlich müssen trotzdem Entscheidungen getroffen werden, so muss zum Beispiel jemand für den Posten der Geschäftsführung gefunden werden etc. In der Regel trifft diese Entscheidung ein Gesellschafterausschuss. Im Zweifel lässt man sich beraten, sodass man keinen Fehler macht. Die Verantwortung ganz abzugeben, ist jedenfalls keine Option und deswegen ist es so wichtig, sich als ein »guter Gesellschafter« zu bewähren, bevor man in die Geschäftsführung geht. Das sehen auch die anderen Familienmitglieder, Mitarbeiterinnen und Mitarbeiter, Kundinnen und Kunden. Denn man ernennt sich nicht einfach selbst zur Geschäftsführerin, sondern man wird zum Geschäftsführer bestellt.

Das »3-M-Modell«: Menschen machen Marken und Marken machen Märkte

Familienunternehmen – egal ob die Familie selbst operativ tätig ist oder in einem aktiven Gesellschafterkreis repräsentiert ist – stehen für etwas, sie haben einen Namen. Einige dieser Namen prägen das deutsche Gedächtnis sehr tief, sie haben die Gesellschaft über Generationen, über Kriege und Wirtschaftswunder hinweg begleitet. Der Familienname als Marke ist etwas, das in der schnelllebigen Welt von heute Halt geben kann. Das ist ein Vorteil, mit dem fremdgeführte Großkonzerne nicht werben können. Dort herrscht Anonymität. Die wenigstens wissen, wer hinter den beiden Türmen der Deutschen Bank in Frankfurt steht. Aber man braucht Ankerpunkte, denen man Vertrauen schenken kann und die für Kompetenz stehen. Hier zeichnet sich ein weiterer Vor- wie Nachteil des Familienunternehmens ab: Familien und Familienmitglieder repräsentieren ein Unternehmen und damit machen sie es für eine Öffentlichkeit fassbar, aber auch angreifbar.

»Man könnte, unabhängig davon, ob man in einem B2B-
oder B2C-Markt unterwegs ist, von einem ›3-M-Modell‹
sprechen: Menschen machen Marken und Marken machen
Märkte.«

FABIAN KIENBAUM <

Familienunternehmen haben ein Selbstverständnis, das oft von einer tiefen Überzeugung herrührt. Sie müssen sich immer darüber im Klaren sein, wie sich dieses Selbstverständnis übersetzen lässt, wie man das in eine Marke bringt, diese formt und damit unternehmerischen Erfolg in den jeweiligen Märkten erzielen kann, in denen man operiert. Die meisten werden sich an den TV-Spot von Hipp erinnern. »Ich weiß nicht, was dir die Zukunft bringt«, spricht dort eine Mutter ein und nach einer Pause sagt sie: »Aber eins weiß ich, dass ich nur das Beste für dich will.« Nach der Mutter tritt der Firmennachfolger Stefan Hipp mit »Dafür steht der Name Hipp« ins Bild und der Vater und Firmenchef Claus Hipp ergänzt: »Dafür stehe ich mit meinem Namen.« Diese Werbung vermittelt eine Botschaft: So unsicher die Zukunft auch sein mag, der Name Hipp garantiert nur Gutes, sogar das Beste (für das Kind). Hier wird gerade das zum Werbemittel, was Familienunternehmen im großen Maße auszeichnet: der Gedanke der Nachhaltigkeit und die Beständigkeit in einer sich stetig wandelnden und damit unsicheren Zukunftswelt. Damit trifft das Marketing genau die Angst einer modernen Gesellschaft, für die die »Zukunft längst keine Verheißung mehr ist, sondern eine Bedrohung«.[23] Der Name steht nicht nur für eine Familie mit jahrhundertealter Expertise, er vermittelt auch die Werte und Haltung eines jeden Familienunternehmens – der Name garantiert eine sichere Zukunft. Das Gefühl, dass jemand da ist und für einen einsteht, überträgt sich nicht nur auf potenzielle Kunden, sondern auch auf eine Unternehmenskultur. Dass eine Familie für ein Unternehmen und seine Mitarbeiter kämpft, kann ein starkes Zusammengehörigkeitsgefühl, also das Gefühl, Teil einer Gemeinschaft zu sein, erzeugen. Das funktioniert insbesondere gut bei Namensträgern.

> »Die Kraft und die Bedeutsamkeit des Unternehmens haben natürlich mit dem Wirken der Gründerväter oder -mütter zu tun. Bei uns war dies unser Großvater als Gründer, den wir alle noch erleben durften. Und zwar alle, die am Tisch sitzen. Der Gründermythos ist präsent und man spürt, dass das wahnsinnig stark zur Emotionalisierung beiträgt. Ich finde, das ist etwas, wo wir Familienunternehmen – gerade in der Welt, in der wir gerade unterwegs sind, mit all ihren Wirren und der großen Komplexität und Geschwindigkeit – den Vorteil besitzen, dass wir häufig noch Menschen am Ruder und am Werk haben, die für etwas stehen, die etwas verkörpern, die anfassbar sind und sich nicht in der Anonymität verlieren.«
>
> **> FABIAN KIENBAUM**

---

23   Vgl. a. Philipp Bloom: Was auf dem Spiel steht, München 2017.

Familienunternehmen sind nie alleine, sie sind und Arbeiten in einer viel größeren Familiengemeinschaft: der Belegschaft. Denkt man an Familienunternehmen, so mag man vielleicht zuerst den großen Schreibtisch vor Augen haben, hinter dem ein Gemälde des Firmengründers hängt und an dem der derzeitige Firmennachfolger mit ehrenvoller Autorität sitzt, etwas unterschreibt, um dann aufzustehen und die Mitarbeiter in den »heiligen Hallen« zu begrüßen. Man stellt sich den Chef als väterlichen Freund vor, niemand denkt hier an Kündigungen, Personalabbau, Entlassung. Tatsächlich haben Familienunternehmen wenig Wechsel in der Belegschaft, oft arbeiten Generationen bei derselben Firma und sie verstehen sich als Teil einer großen Familie. Kurz gesagt: Die Mitarbeiterinnen und Mitarbeiter identifizieren sich mit dem Unternehmen. Sie arbeiten nicht einfach nur dort, sondern sie leben auch die Werte dieses Unternehmens. Und Familienunternehmen sind daran interessiert, diese Identität nach außen zu tragen, eine Corporate Identity zu schaffen.

»Die Identifikation mit der Familie und der Marke als solches ist sehr stark und wir versuchen natürlich auch, über diese Artefakte und Symbole und das Thema Ausstattung in räumlichen und physischen Dimensionen eine Wiedererkennung zu schaffen und Zugehörigkeit aufzubauen. Das ist auch mit gewissen Ritualen verbunden.«

FABIAN KIENBAUM <

»Wie man mit seinen Mitarbeiterinnen und Mitarbeitern umgeht, ist eine Frage des Selbstverständnisses. Wie sieht es aus mit Respekt und Zusammenhalt, dem internationalen Footprint und all diesen Fragen, die dahinterstehen? Wir sind zu über 80 Prozent im Ausland und nur mehr zu 20 Prozent in Deutschland vertreten. Trotzdem stehen wir für 100 Prozent westliche Werte. Dazu gehört auch der Umgang der Mitarbeiterinnen und Mitarbeiter untereinander, also die Etikette. Diese Etikette ist aber in jedem Land unterschiedlich, deswegen betonen wir ausdrücklich, dass wir von unseren Mitarbeitenden erwarten, sich nach Mustern und Regeln zu verhalten, die wir vorgeben. Da verlangen wir absolute Gleichheit, damit das fair ist. Denn wenn ein Familienunternehmen, also auch mit den ganzen Familien der Belegschaft, wenn alle miteinander erfolgreich sein wollen, dann muss es einen Kodex geben. Das ist zwar keine neue Erkenntnis, aber das Entscheidende ist, dass dieser von allen gelebt wird. Und wenn alle das leben, dann wird man feststellen, dass am Ende auch alle erfolgreicher zusammenarbeiten.«

> **ARNDT KIRCHHOFF**

Trotz Globalisierung und Vergrößerung müssen die Identität und die Regeln eines Unternehmens weiter erhalten werden. Die Fragen, die man sich dabei immer wieder stellen muss, lauten: Wie viel von diesen Regeln und dieser eigenen Identität muss man manchmal aufgeben? Welche Kompromisse muss man eingehen? Wie sieht es aus, wenn ein Unternehmen wächst und die eigene Heimat verlässt, den eigenen Grund und Boden, das Haus? Wie persönlich ist dann noch die Identifizierung mit der Familie, ihrer Geschichte, den Gründern, dem Namen? Und dann natürlich ein ganz wichtiger Punkt: Familienunternehmen wollen mit gutem Beispiel vorangehen, sie tragen eine gesellschaftliche Verantwortung. Wie verantwortlich sind Familienunternehmen also für die Region, in der sie arbeiten, und wie tragen sie diese Verantwortung international weiter?

»Mein Gefühl war immer, je weiter wir von Deutschland weggingen, desto stärker war die Identifikation der Menschen mit unserem Unternehmen. Vor zwei Jahren waren wir in Thailand, in China und in Brasilien und haben dort auch Unternehmer getroffen. In Porto Alegre gibt es eine deutsche Community und da kam dann irgendwer zu mir, der meinen Großvater noch gekannt hat.«

FABIAN KIENBAUM <

»Oft sind die Belegschaften außerhalb von Deutschland stolzer auf das Familienunternehmen als die deutschen Belegschaften. Am stärksten ist es übrigens bei den Ländern, die 70 Jahre oder länger im Sozialismus gelebt haben, etwa in Polen, Tschechien, Ungarn, Rumänien. Die Mitarbeiterinnen und Mitarbeiter aus diesen Ländern fühlen sich in unserem Unternehmen wohl, weil sie frei sind, weil sie eine ›governance‹ haben wie bei uns in Deutschland und somit selber managen können – nach gemeinsamen Standards. Das gilt nicht nur für die Buchführung, sondern auch für das Engineering und die Prozesse für die Kunden, das ist alles weltweit standardisiert.«

ARNDT KIRCHHOFF <

Meistens wohnen und leben Familienunternehmerinnen und -unternehmer auch immer dort, wo die Firma beheimatet ist. Das heißt, sie sind in der lokalen Gesellschaft verwurzelt und nicht in der Anonymität der Großstadt. Sie engagieren sich als Teil der Local Community, sponsern Sportmannschaften, veranstalten Events. Das machen Familienunternehmen, weil sie für bestimmte Werte einstehen und sich in der Verantwortung sehen. Wesentlicher Antrieb sind nicht gesellschaftliche Erwartungen, sondern »ethische Motivationen« und »lokale Problemstellungen«.[24] Laut einer 2007 veröffentlichten Studie ist einem jeden Unternehmen das gesellschaftliche Engagement im Mittel rund eine halbe Million Euro pro Jahr wert.[25] Familienunternehmen haben also nicht nur Familie und Unternehmen im Blick, sondern auch alles, was sie umgibt: die langjährigen und zukünftigen Beschäftigten, die Kunden, die Umwelt. Das ist gerade für deutsche Familienunternehmen signifikant, diese Verwurzelung, dieses Engagement findet man in anderen Weltregionen nicht.

24 https://www.bertelsmann-stiftung.de/de/publikationen/publikation/did/das-gesellschaftliche-engagement-von-familienunternehmen, S. 7 (31.07.2021)
25 Ebd.

Skandale verstehen:
Historische Beispiele

Wenn es in Familienunternehmen zu Konflikten kommt, lässt das manchmal nicht nur dieses spezielle Unternehmen zunehmend in einem schlechten Licht erscheinen, sondern es gefährdet den guten Ruf von Familienunternehmertum als nachhaltiger Form von Wirtschaften. Dabei hält sich die Anzahl der Streitigkeiten, die existenzielle Formen annehmen, gerade bei mittelgroßen bis großen Unternehmen, mittlerweile im Rahmen. Warum? Weil die Familien eben dann doch vielleicht in eine ›governance‹ investieren, also anfangen, sich externe (Mit-)Entscheider oder Mentoren zu holen und ihre Familien zu professionalisieren. Man sollte an dieser Stelle also keinesfalls pauschalisieren, vielmehr sollte man sich ansehen, woran es wirklich liegt, wenn Familienunternehmen in die Insolvenz gehen oder verkauft werden.

Negativbeispiele setzen oft an der empfindlichsten Stelle der Familienunternehmen an: an der Familie. Im Laufe der Zeit werden Familien komplexer, es entstehen Familienstämme und Nebenäste der Familie, die potenziell in Konflikt treten können. In anderen Fällen treten Generationenkonflikte auf, etwa Vater-Sohn-Konflikte oder Bruderzwist, aber auch hier ist nicht immer die Familie als Familie das Problem. Es ist das besondere und nicht einfache Verhältnis zwischen Familie und Unternehmertum, die Vereinbarung verschiedener Strukturen, die zu Problemen führt.

Als Paradebeispiel werden oft Adidas und Puma herangezogen, wobei man sich eigentlich gar nicht so sicher sein kann, ob das wirklich ein Negativbeispiel ist. Rudolf Dassler und Adi Dassler waren zwar maßlos zerstritten, aus dem Streit sind allerdings auch zwei sehr veritable deutsche Unternehmen hervorgegangen: Adidas und Puma. 1954 gewann die deutsche Fußballmannschaft den Weltmeistertitel in den Schuhen mit den drei Streifen, im selben Jahr stattete Puma Heinz Fütterer aus, der in Yokohama einen Weltrekord im 100-Meter-Lauf aufstellte. Die Brüder mit dem Namen Dassler waren erfolgreich, gleichzeitig haben sie sich bis aufs Blut bekriegt. Eigentlich hätten sie sich gut ergänzen können, der eine war in dem Bereich Handwerk (Produktion) begabt, der andere war ein Geschäftsmann (Vertrieb, Marketing). Aber nach dem Zweiten Weltkrieg trennten sich ihre Wege. Angeblich hatten sich auch ihre Ehefrauen nicht gut verstanden.[26] Der Bruderstreit wird zur Tradition, auch die Söhne, Horst Dassler (Adidas) und Armin Dassler (Puma), waren sich spinnefeind, weil sie vehement zu ihren Vätern hielten. Als anderes Beispiel für einen Bruderzwist werden immer wieder die Gebrüder Albrecht, Gründer von Aldi, besprochen. Auch hier handelt es sich um kein dramatisches Negativbeispiel. Der angebliche Zwist wurde nie öffentlich ausgetragen. Vielmehr handelt es sich hier um die Geschichte zweier Brüder, die sich getrennt haben und trotzdem konstruktiv zusammengearbeitet haben. Dazu mussten sie nicht weniger als Deutschland, dann Europa und schließlich den Globus unter sich aufteilen: Seit 1961 gibt es Aldi Nord und Aldi Süd, die Grenze zwischen beiden wird scherzhaft als »Aldi-Äquator« bezeichnet. Ob sich die Brüder wirklich wegen dem Kassenverkauf von Zigaretten trennten, ist nicht belegt und hält sich als Gerücht. In den letzten Jahren – die Gründer sind nicht mehr am Leben – verschärfte sich der Streit. Die nachfolgenden Familienmitglieder verklagen sich inzwischen gegenseitig, da es unterschiedliche Auffassungen zur Lebensführung gibt – hier hat der Streit keinerlei Bezug zum Unternehmen, sondern betrifft die Frage, »wie man sich verhält«.[27] Eine ganz andere Trennungsgeschichte spielte sich bei Bahlsen ab. In der dritten Generation sei das 1889 gegründete Unternehmen wortwörtlich »zerbröselt«.[28] Nach einem angeblichen Streit trennten sich die Brüder und das Unternehmen, es hieß, man

26 Barbara Smit: Adidas gegen Puma – Sportfeinde Herzogenaurach, in: Handelsblatt, 29.10.2010.
27 Stefanie Diemand und Christian Müssgen: Streit im Aldi-Familienclan. Untreue als Vorwurf, in: Frankfurter Allgemeine Zeitung, 17.9.2020.
28 Christine Weißenborn: Bahlsen gegen Bahlsen, in: Handelsblatt, 14.11.2010.

verfolge die »Strategie der Spezialisierung«[29] und teile das Unternehmen in süß und salzig. Wo »Bahlsen« traditionell beim Süßgebäck blieb, verschrieb sich der Bruder der Salzgebäckherstellung und firmiert seit 1999 unter seinem Vornamen »Lorenz«. Ein drittes Familienmitglied erhielt das Immobilienvermögen. Die hier gefundene »Realteilung« gilt als Musterbeispiel einer Trennung ohne »Zerstörung« des Unternehmens. Diese Familienunternehmen haben einen eigenen Weg gefunden, eine lukrative Alternative zum Verkauf des Familienunternehmens. Sie sind Beispiele dafür, dass ein Unternehmen gut überleben kann, trotz Streit, mithilfe einer Aufteilung der unternehmerischen Aufgaben.

Problematischer ist das Beispiel Tengelmann. Nachdem das neue Familienoberhaupt von Tengelmann, Karl-Erivan Haub, 2018 in den Schweizer Alpen verschwand, kam es unter den Hinterbliebenen zum Streit. Drei Jahre dauerte es, bis man sich auf eine Lösung einigte.[30] Und Tönnies geriet 2020 nicht nur wegen schlechter Arbeitsbedingungen in Verruf, auch die lang anhaltende Auseinandersetzung zwischen Onkel und Neffe macht dem Unternehmen zu schaffen. Für den Fall eines Familienstreits hatte das Unternehmen eine eher für Start-ups und Wagniskapitalgeber als für Familienunternehmen übliche Exit-Strategie gewählt: Im Streitfall sollte das

29 Bahlsen zerfällt in drei Unternehmen (ohne Verfasser), in: Die Welt, 17.06.1999.
30 Sinan Şenyurt: Einigung im Familienstreit: Tengelmann-Chef Christian Haub kauft Anteile seines verschollenen Bruders für mehr als eine Milliarde Euro, in: Business Insider, 27.04.2021.

Unternehmen eigentlich in einem öffentlichen Bieterprozess verkauft werden. Als es aber zu Unstimmigkeiten kam, wollte der eine Familienteil nicht wie vereinbart verkaufen (er wollte das Unternehmen mit seinem Sohn weiterführen). Darauf folgte ein jahrelanger Rechtsstreit, erst 2021 bestätigten die Gesellschafter: »Tönnies bleibt ein Familienunternehmen.«[31] Noch dramatischer ist der Fall Schlecker. 2012 hatte das Unternehmen Insolvenz beantragt.[32] 2016 wurden die Kinder des Firmengründers, Meike und Lars Schlecker, wegen »Untreue, Insolvenzverschleppung, Bankrott und Beihilfe zum Bankrott ihres Vaters« zu einer Haftstrafe verurteilt. Die Eltern erhielten eine Bewährungs- und Geldstrafe. Der Insolvenz ging angeblich ein Generationenkonflikt voraus, der die Modernisierung des Unternehmens betraf. Der Gründervater Anton Schlecker ging nicht auf die Modernisierungsvorschläge seiner Kinder ein und lenkte das Unternehmen damit in den Untergang. Gerne hätten die ehemaligen Mitarbeiterinnen – die sogenannten Schlecker-Frauen – den Patriarchen im Gefängnis gesehen. Über 25.000 Frauen verloren ihren Arbeitsplatz, viele von ihnen wurden nicht marktüblich entlohnt. Solche Unternehmen scheitern aufgrund von Generationenkonflikten und aufgeladenen Stammeskonflikten immer dann, wenn es starre Vorstellungen und einen Mangel an Veränderungsbereitschaft bei den handelnden Personen gibt.

---

31 Tönnies bleibt Familiensache (ohne Verfasser), in: fleischwirtschaft.de, 04.08.2021.
32 Vgl. Stefan Mayr: Ehemalige Mitarbeiter wollten Haft für Anton Schlecker, in: Süddeutsche Zeitung, 27.11.2017.

Auch bei Märklin waren am Ende Familienkonflikte der Grund für die unvermeidbare Insolvenz. Das eigentliche Problem war, dass es die verschiedenen Familienteile über Jahre nicht zuwege brachten, sich auf eine Strategie zu einigen. Nach einer über 160-jährigen Geschichte musste Märklin – die Firma, die Großväter und Enkelkinder prägte – einsehen, dass es nicht mehr weitergeht. Am Ende wurde das Unternehmen dann zunächst teilverkauft, 2009 ging es in Insolvenz. Ein anderes Beispiel ist die Firma Grohe im Sauerland, bei der man sich der Traditionsidee nicht mehr verbunden fühlte. Bereits 1962 verkaufte der Namensgeber Friedrich Grohe 51 Prozent der Gesellschaftsanteile an der Friedrich Grohe Armaturenfabrik an *International Telephone and Telegraph* (ITT), 1983 kauften die Söhne die Anteile zurück,[33] bis 1998 waren sie ein familiengeführtes Unternehmen, 1999 wurde es vollständig an einen Private-Equity-Investor, die *BC Partners* verkauft. 2005 übernahm eine Investorengruppe unter der *Texas Pacific Group* und *Credit Suisse First Boston* die Firma (Franz Müntefering nannte die anonymen Investoren seinerzeit eine »Heuschreckenplage«) und hunderte Arbeitsplätze wurden gestrichen. Wo man bei Grohe unter der Familienführung immer genau wusste, welche Ideen und Werte man vertrat, führte die Weitergabe an einen Mischverband wie ITT zu einem entscheidenden Problem: Man wusste überhaupt nicht mehr, wofür das Unternehmen (noch) steht, wer für die Strategie und die Zukunftsorientierung geradesteht. Das zeigt, dass es

33   Nils Klawitter: »Schmeißen Sie die raus«, in: Der Spiegel 48/2005.

Beispiele gibt, bei denen nicht die Familie maßgeblich am Untergang des Unternehmens beteiligt ist, sondern die Eigentümerstruktur problematisch ist.

Manchmal sind es aber auch äußere Umstände, Zufälle, Schicksale, die die Wege der Familienunternehmen in unglückliche Bahnen leiten. Ein besonderes Beispiel ist die Hugo Stinnes GmbH. 1892 als Kohlehandel gegründet, wuchs das Unternehmen um 1900 zu einem weltweit agierenden Kohlebergbau- und Schifffahrtskonzern heran, der in den 1920ern etwa mit dem Magnat Thyssen zusammenarbeitete.[34] 1924 starb der Gründervater mit nur 54 Jahren an den Komplikationen einer Gallenblasenoperation.[35] Die Söhne Edmund und Hugo übernahmen. Weil der Vater den jüngeren Sohn im Testament bevorzugt hatte, kam es zum Erbstreit, der nach dem zweiten Weltkrieg den Untergang des Unternehmens einleitet. Während Edmund in den 1930ern in die USA emigrierte und Professor für Ökonomie wurde, gründeten die Witwe Cläre, Hugo junior und der jüngste Bruder Otto ein neues Unternehmen. Hugo junior machte jedoch den Fehler, dem neuen Familienunternehmen Mittel zu entnehmen, um sich selbst zu verwirklichen und eigene Firmen zu gründen. In der Folge spaltete sich die Familie – bis in die 1960er-Jahre stritte man sich, wer den Namen Stinnes führen darf. Warum also konnte ein so erfolgreiches Unternehmen untergehen? Auslöser dafür war vor allem, dass der Patriarch relativ früh verstorben ist. Da

---

34 Klaus Rathje: »Reich wie Stinnes« war einmal, in: Welt am Sonntag, 28.12.2008.
35 Ebd.

es keine »family governance« gab, die regelte, wer wann die Nachfolge antritt und mit welchen Grundsätzen das Unternehmen weitergeführt werden sollte, kam es letztendlich zu Auseinandersetzungen und zur Zerstörung in der Familie. Dabei ist Hugo Stinnes senior eigentlich ein Beispiel dafür, wie wertvoll Familienunternehmertum für die deutsche Wirtschaft sein kann. Zum Zeitpunkt seines Todes waren beinahe 600 000 Mitarbeiter bei Stinnes beschäftigt.

»Hugo Stinnes hat 1918 nach dem Ersten Weltkrieg im Grunde genommen unser modernes Verhältnis zwischen Arbeitnehmer und Arbeitgeber begründet, das sogenannte »Stinnes-Legien-Abkommen«.[36] Stinnes' Name findet sich da wieder und Legien war der damalige Gewerkschaftschef, DGB-Chef würde man heute sagen. Sie haben den Grundstein für das gelegt, was wir heute Tarifautonomie nennen, bei der nicht der Staat festlegt, sondern Gewerkschaften und Arbeitgeberverbände Arbeitsbedingungen wie Arbeitszeit, Arbeitsentlohnung und eine faire Verteilung des Erwirtschafteten aushandeln. Das ist ein historischer Erfolg gewesen, dass man dieses Modell durchgerungen hat.«

ARNDT KIRCHHOFF <

Diese Beispiele sind eingängig, sie werden auch immer wieder medial aufgegriffen, aber sie stehen nur für einen gewissen Prozentsatz von schwarzen Schafen. Betrachtet man die Situation genauer, dann sieht man, welche Relevanz Familienunternehmertum für unsere Gesellschaft hat, für unsere Form einer nachhaltig orientierten Wirtschaft. Familienunternehmen stehen für Sozialpartnerschaftlichkeit – auch in der Zukunft. Familienunternehmerinnen und -unternehmer müssen sich immer Gedanken um die Nachfolge machen und darum, dass die Kinder und die Enkelkinder ein Unternehmen mit stolzen Mitarbeiterinnen und Mitarbeitern übernehmen. Das heißt, diese Enkelfähigkeit sorgt dafür, dass die Familienunternehmerin oder der Familienunternehmer das Unternehmen nicht irgendwie, sondern ordentlich und fair führt. Dazu gehört auch, sich Konflikten zu stellen, zu lernen, mit ihnen konstruktiv umzugehen, und sie bestenfalls gar nicht erst entstehen zu lassen.

36 Vgl. Bundesarchiv: Im sog. »Stinnes-Legien-Abkommen«, benannt nach dem Industriellen Hugo Stinnes und dem Vorsitzenden der Generalkommission der Gewerkschaften Deutschlands Carl Legien, erkannten die Arbeitgeberverbände die Gewerkschaften als Vertretung der Arbeitnehmer und als Verhandlungspartner bei Tarifabschlüssen an. Außerdem sicherten die Arbeitgeber u. a. die Einführung des Achtstundentages bei vollem Lohnausgleich zu. Online unter: https://weimar.bundesarchiv.de/WEIMAR/DE/Content/Dokumente-zur-Zeitgeschichte/1918-11-15_stinnes-legien.html (30.07.2021).

»Eat the Rich«:
Von Stiftungen und dem »Gute-Unternehmen-Gesetz«

60 Prozent der sozialversicherungspflichtigen Beschäftigungsverhältnisse und mehr als 80 Prozent aller Ausbildungsplätze resultieren aus Familienunternehmen[37] – und diese Zahlen sind stabil. Diese Zahlen können aber nur stabil bleiben, weil Familienunternehmer ihr Vermögen immer wieder reinvestieren – in die Mitarbeiter, in den Erhalt, aber auch in Innovationen. Das Vermögen »gehört« nicht dem Eigentümerkreis, sondern dem Unternehmen. Ein Faktor, der Familienunternehmertum in Deutschland in weiter Fläche auszeichnet, ist genau diese Haltung: Dass das Unternehmen eine Aufga-

---

37 Bernhard Junginger: Wie Altmaier den Mittelstand zurückgewinnen will, in: Augsburger Allgemeine, 28.06.2019.

be ist und dass das Vermögen, was in diesem Unternehmen gebunden ist, zum Erhalt, zum Wachstum, zur Zukunftsfähigkeit des Unternehmens eingesetzt wird und
eben nicht zur maximalen Ausschüttung führt, mit der
sich die Familienmitglieder selbst bereichern.

»Es wird in das Unternehmen investiert und dann werden die Überschüsse auch verwandt, um beispielsweise
Bildung zu fördern, jüngere Menschen zu fördern, um zu
integrieren usw. Bei Familienunternehmen steht hinter
allem Tun ein nachhaltiger Aspekt, weil wir diskutieren
wollen, wie wir morgen leben, wie sie aussieht, die Welt
von morgen.«

ARNDT KIRCHHOFF <

»Oft hören wir Aussagen wie: ›Das Unternehmen gehört
mir nicht wirklich, ich habe es von meinen Vorfahren
erhalten, verbunden mit der Aufgabe, es an die Kinder und
Enkelkinder weiterzugeben.‹ Die besondere Verbindung
der Unternehmerfamilien zu ihrem Familienunternehmen
lässt sich mit einem Begriff beschreiben: der Treuhänder-
mentalität. Man fühlt sich dem Unternehmen, den Mitarbeitern und Mitarbeiterinnen und der Zukunftsfähigkeit
verbunden. Diese Haltung unterscheidet sich erheblich
von einer Investorenmentalität.«

TOM A. RÜSEN <

In der Regel gibt es keine Investorenperspektive auf
das Unternehmen, sondern eine Treuhänderperspektive.
Die treuhänderisch agierende Eigentümergemeinschaft
in Familienunternehmen denkt selten ausschließlich

über die Optimierung des Gewinns nach. Sie sieht ihre Aufgabe darin, das Vorhandene zu mehren, zu stabilisieren und in eine Zukunft zu führen, sodass später die Kinder und Enkelkinder übernehmen können. Der große Unterschied besteht in der Art und Weise, wie Familienunternehmertum gedacht wird. Hinter dem Unternehmenswert, also dem Vermögen der Familie, steht immer eine bestimmte Idee des Umgangs mit diesem Vermögen. Das im Familienunternehmen gebundene Vermögen wird von seinen Eigentümern anders »gedacht«.

Eine Möglichkeit der Betrachtung liefert das *Institut für Deutsche Wirtschaft* in Köln. Auf der Website findet sich der Gini-Koeffizient, ein von dem italienischen Statistiker Corrado Gini entwickeltes statistisches Maß zur Darstellung von Ungleichverteilungen (in der Gesellschaft). Wenn man sich den Gini-Koeffizienten für Deutschland und die Einkommensanteile der verschiedenen Bevölkerungsgruppen ansieht, dann wird man feststellen, dass – und hier sind die in einer Firma gebundenen Vermögen nicht berücksichtigt – die Vermögensverteilung in Deutschland besser ist als beispielsweise in England oder in Frankreich und in vielen anderen Ländern, wo sich in der Tat eine Oberschicht finden lässt, die es in Deutschland so nicht gibt.

Dass trotzdem manche Unternehmerinnen und Unternehmer dem Wirtschaftsstandort Deutschland den Rücken kehren, mag an steuerlichen Regelungen liegen, die den Bestand des Unternehmens gefährden. Eigentum verpflichtet. Deutschland gehört zu den steuerintensivsten Ländern der Welt. Und so ist man natürlich versucht, in ein Land zu gehen, in dem man nur 25 Prozent Steuern bezahlt. Dasselbe gilt für jene für den Wirtschaftsstandort Deutschland so wichtigen energieintensiven Unternehmen. Sie investieren immer weniger in Deutschland, ganz einfach, weil die Rahmenbedingungen für die Industrie in Deutschland schlecht sind, die Energiekosten schlichtweg zu hoch sind.[38] Mit Blick auf ein Deindustrialisieren ist das besorgniserregend. Denn dann wird es schwierig für Familienunternehmen – nicht nur für jene, die produzieren, sondern auch für die sogenannten industrienahen Dienstleistungen. Deutschland muss also etwas dafür tun, dass es als Standort wettbewerbsfähig bleibt. In ein paar Dingen will Deutschland Vorbild sein: in der Energiewende, beim Ausstieg aus der Kernkraft, bei Kohlekraftwerken. Aber bei all dem darf man nicht vergessen, etwas für die Wettbewerbsfähigkeit des Landes zu tun. Und das gilt auch für das Steuersystem. Wenn deutsche Traditions- bzw. Familienunternehmen abwandern, hat das oft mit Faktoren zu tun, die man selbst nicht im Griff hat, mit Regulierungen aus der Wirtschaft oder der Politik. Manchmal hat es aber auch damit zu tun, dass man die Idee des Familienunternehmertums aus den Augen verloren hat, dass es um Profit und Geld statt Identität und Nachfolge geht.

---

38 Jürgen Flauger: Teurer Strom vertreibt Industrie, in: Handelsblatt, 21.06.2005; Klaus Stratmann: Unternehmen müssen um jeden Euro kämpfen, um ihre Energiekosten auf ein verkraftbares Niveau zu senken, in: Handelsblatt, 01.09.2021.

»Ein Familienunternehmen bewegt sich immer auch in der aktuellen Welt und die ist kontrolliert. Nehmen wir mal das Thema Finanzen: Wenn Sie nicht eine entsprechende Finanzkommunikation und eine entsprechende Transparenz haben, dann werden Sie keinen Finanzpartner finden. Weil die Finanzwelt auch reguliert ist. Nicht erst seit 2000, als wir die New und Old Economy wieder zusammengeführt haben, sondern spätestens seit 2009/10 nach der globalen Finanzkrise ist es die Regel, dass Sie von niemandem Geld bekommen, wenn Sie nicht die entsprechende Transparenz, eine Story, Governments haben.«

> **ARNDT KIRCHHOFF**

Im Juni 2021 legt die Stiftung *Verantwortungseigentum e. V.* einen Gesetzesentwurf vor, der das bestehende deutsche Gesellschaftsrecht um eine »GmbH-gebV«[39] erweitert, eine GmbH mit gebundenem Vermögen also. Das bedeutet, das Vermögen darf nur dem Unternehmen zugutekommen und nicht an die Gesellschafter ausgezahlt werden. Der neue Gesetzentwurf wird als förderlich für Familienunternehmen dargestellt, die sich nicht »trauen«, ihr Vermögen in eine Stiftung zu überführen. Tatsächlich öffnen sich hier eher Vorteile für die Gründerszene, für Start-ups, die nach dem großen Erfolg nicht sofort verkaufen, sondern langfristig planen können.[40]

---

39 Benjamin Schwarzfischer: Die Gesellschaft mit gebundenem Vermögen: Neue Rechtsform für Familienunternehmen?, Newsletter der Kanzlei GvW Graf von Westphalen, Frankfurt am Main, Juni 2021.
40 Corinna Budras: Erleichterungen für Start-ups in neuer Rechtsform, in: Frankfurter Allgemeine Zeitung, 22.02.2021.

Die Börsen-Zeitung nennt den neuen Gesetzentwurf ein »Gute-Unternehmen-Gesetz«.[41] Was auf den ersten Blick ganz plausibel klingt, übersieht grundlegende Dinge.

Dieses gebundene Vermögen bedeutet, dass die Familie ihr Eigentum in eine Rechtskultur einbringt, ähnlich einer Stiftung. Das Vermögen ist dann gebunden, womit es steuerfrei gestellt werden kann. Alle anderen Vermögen hingegen werden erbschaftssteuerlich und schenkungssteuerlich belastet. Dafür gibt es bereits Lösungen, sogar erfolgreiche, Familienstiftungen zum Beispiel, bei denen das gemeinsame Eigentum aus der Familie nicht mehr individualisiert werden kann. Und das ist das, was die meisten Familienunternehmen auch gut finden. Die eigentliche Frage ist, ob diese Unternehmerinnen und Unternehmer wirklich verstanden haben, was das in der Konsequenz bedeutet: Hier wird eine Form von Rechtskonstrukt entworfen, die nicht unbedingt genetische Nachkommen braucht. Eigentlich ist mit diesem gebundenen Vermögen gemeint, dass es aus der Verfügungsmasse, aus dem rechtlichen zurechenbaren Umfeld der Unternehmerfamilie, herausgelöst wird. Das bedeutet, die Familie enteignet sich selbst als Familie und verpackt das in eine Struktur. Dabei wird angenommen, dass die Geschäftsführerinnen und Geschäftsführer des Unternehmens automatisch zum Wohle des Unternehmens agieren, der Unternehmerfamilie und ihrer Rolle als Eigentümerin werden demgegenüber hinderliche Eigenschaften für das Unternehmen zugeschrieben.

---

41 Claus Döring: Neue Rechtsform. Vom gebundenen zum toten Vermögen, in: Börsen-Zeitung, 07.05.2021.

»Was überhaupt nicht diskutiert wird in diesem Modell ist: Wer übernimmt die Verantwortung? Wenn die Familie ›enteignet‹ ist, braucht es eine moralisch extrem nachhaltig denkende Geschäftsführung. Der Geschäftsführer soll hier sozusagen wie ein Familienunternehmer denken, obwohl er ja eigentlich die Anteile gar nicht besitzt. Welchen inneren Anreiz hat er also, um sich nachhaltig zu verhalten? Das Prinzipal-Agenten-Problem ist allseits bekannt, die Interessen zwischen Auftraggeber und Agent sind nie deckungsgleich. Auch in diesem Fall wird der Geschäftsführer eher als ›Agent‹ des Unternehmens handeln, immer ein Eigeninteresse vertreten und dieses verfolgen. Dies wird auch durch die temporäre Verfügungsgewalt über die Anteile nicht aufgelöst. Hier wird also eine Rechtsform mit einem Familienunternehmertum gleichgesetzt, und der Kern, der Familienunternehmertum auszeichnet, – die generationenübergreifende Perspektive – wird abgeschafft und negiert.«

> **TOM A. RÜSEN**

Grundsätzlich kann es gut sein, wenn es Rechtsformen gibt, die Start-ups binden wollen. Es ist aber höchst problematisch, das als Alternative für Familienunternehmertum einzuführen und diese steuerlich zu privilegieren. Das würde den Kern unseres Wirtschaftssystems, die Familienunternehmen, eigentlich zerstören. Das transgenerationale Bild in der Familie ist ins Wanken geraten. Denn solche Gedanken entstehen genau deshalb, weil die Grundlogik des Familienunternehmertums entweder nicht gekannt wird oder sich gerade im Wandel befindet.

Im Grunde könnte man sagen, man möchte die Stiftungsidee salonfähig machen. Ziel dieser neuen Rechtsform ist es, das Stiftungsrecht zu vereinfachen und auf Gründerunternehmen auszuweiten. Überhaupt gewinnen Stiftungen, Familienstiftungen oder auch Unternehmensträgerstiftungen, gerade einen enormen Zuwachs. Seit 2000 ist die Zahl der Stiftungen um etwa 220 Prozent gestiegen.[42] Viele Familienunternehmen können sich eine Stiftung gut vorstellen, weil sie es problematisch finden, wenn die Anteile auf Kinder übertragen werden, die nicht im Unternehmen tätig sind, es vielleicht auch nie waren. In den meisten Fällen existiert hier kein Vertrauen und kein Gefühl der Sicherheit darüber, wie sich diese in Zukunft dem Unternehmen gegenüber verhalten. Wenn man also eine aktive Eigentümerfamilie und viele Gesellschafter mit verschiedenen Meinungen und Strategieentwürfen hat, dann ist die Frage, wie man sicherstellen kann, dass die Nachfolger dem Unternehmen treuhänderisch gegenüberstehen. Hier machen sich einige Unternehmer Sorgen und gründen eine Stiftung. Denn so ist das Vermögen in der Stiftung und kein Kind kann es versilbern. Damit wird aber auch das Wichtigste des Familienunternehmens konterkariert: der Zusammenhalt, der als typisch und überlebenswichtig für eine Eigentü-

---

42 Mathias Habersack: Stiftungsunternehmen in Deutschland. Gesetzliche Grundlagen, unternehmerische Motive, Reformvorschläge, München 2021, S. 19. Online unter: https://www.familienunternehmen.de/media/public/pdf/publikationen-studien/studien/Stiftungsunternehmen-in-Deutschland_Studie_Stiftung-Familienunternehmen.pdf (20.10.2021).

merfamilie gilt. Dieser ist aus bestimmten gesellschaftlichen Zusammenhängen heraus bedroht. Im Moment kochen die Diskussionen hoch. Vor allem in der Generation Y oder X, teilweise auch schon und gerade in der Generation Z wird das Vermögen hinterfragt: »Habe ich das eigentlich verdient? Stiftet das eigentlich »purpose«? Macht das hier alles eigentlich Sinn?«

> »Ich erlebe viele solcher Diskussionen und merke, dass die junge Generation einen ganz anderen Blick entwickelt, weil sie ja auch Kinder des Zeitgeistes sind. Und da stellt sich oft die Frage: ›Bringen wir das nicht besser in eine Familienstiftung ein?‹ Das heißt, das Unternehmen gehört dann der Familiengemeinschaft, aber kein Einzelner kann es realisieren. Dafür bleibt das Vermögen in der Regel im Unternehmen. Ein Teil der Ausschüttung kommt dann am Ende auch der Familie zugute, für die Ausbildung, für Aktivitäten des Familienzusammenhalts wie etwa Familientage, für ein bisschen Privatvermögen als sogenannte Destinatäre. Dies sind aber gewaltige Unterschiede zu dem Erlös, der aus einem Anteilsverkauf resultieren würde.«
>
> **> TOM A. RÜSEN**

Bei dieser ganzen Diskussion kommt man nicht umhin, sich die Frage zu stellen: Was ist eigentlich eine Familienstiftung? Wie funktioniert eine Familienstiftung? Und was macht sie so kompliziert? Familienstiftungen sind zuallererst eine Möglichkeit der Nachfolge. Sie haben aber auch das Potenzial, die Idee eines Unternehmens fortzuführen. »Stiftungen eröffnen Unternehmern die Möglichkeit, das Unternehmen und dessen Werte zu bewahren sowie von ihnen definierte Ziele zu verfolgen – und das unabhängig von familiären Konstellationen«, so formulierte es der Vorstand der Stiftung Familienunternehmen, Rainer Kirchdörfer, im Mai 2021.[43] In Deutschland gibt es knapp 24.000 Stiftungen und jedes Jahr kommen neue hinzu. Stiftungen sind das Mittel erster Wahl, wenn eine Nachfolge unsicher ist. Bosch, dm, sie alle überführten ihr Vermögen in Stiftungen.

»Das kriege ich auch mit. Hier scheint gerade eine Art Renaissance stattzufinden, in der viele über den Generationenwechsel und die damit verbundenen Möglichkeiten nachdenken. Es entstehen nicht selten Kombinationen aus verschiedenen Modellen wie ›gemeinnützige Stiftungen in Kombination mit einer Familienstiftung ‹. Aber man muss sagen, einmal Stiftung, immer Stiftung. Natürlich haben sich Unternehmen immer wieder damit beschäftigt, es gibt ja auch genügend, die das so machen, ich kenne zumindest eine ganze Menge, weil sie sagen, damit haben wir unser Familienunternehmen langfristig gesichert – das stimmt. Allerdings macht es im Grunde genommen diese Rechtsform des Verantwortungseigentums überflüssig.«

ARNDT KIRCHHOFF <

43   Hier und im Folgenden: Heike Anger: Stiftungsrecht: Familienunternehmen fordern Entbürokratisierung statt neuer Rechtsform, in: Handelsblatt, 04.05.2021.

Mit einer Stiftung werden Unternehmensanteile institutionalisiert: »Mit der Einbringung von Unternehmensanteilen übernimmt die Stiftung die Gesellschafterrolle, die zuvor bestehenden Eigentumsverhältnisse werden somit zugunsten der Stiftung aufgelöst. Maßgeblich sind fortan die Gremien der Stiftung (meist Vorstand oder Geschäftsführung), gebunden an den Stiftungszweck und sonstige Vorgaben durch den Stifter. Destinatäre der Stiftung können zwar mittelbar von den Erträgen aus dem Stiftungsvermögen profitieren, jedoch nicht direkt auf das Vermögen zugreifen und etwa Teile herauslösen.«[44] Man hat ein Bezugsrecht, aber kann die Anteile eben nicht veräußern. Oftmals kombinieren die Unternehmerfamilien das mit gemeinnützigen Stiftungsvehikeln, wodurch ein Großteil der Ausschüttungen, die aus dem Unternehmen ausgekehrt werden, gemeinnützigen Zwecken zugutekommen. Das ist absolut auf dem Vormarsch, jenseits der Diskussion eines »Verantwortungseigentums«. Hier entwickelt sich auch in den Unternehmerfamilie langsam aber sicher ein neuer Zeitgeist.

---

44 Stiftung Familienunternehmen (Hg.): Stiftungsunternehmen in Deutschland – Gesetzliche Grundlagen, ökonomische Motive, Reformvorschläge. Erstellt von Prof. Dr. Mathias Habersack und dem International Performance Research Institute (IPRI), München 2021. Online unter: https://www.familienunternehmen.de/media/public/pdf/publikationen-studien/studien/Stiftungsunternehmen-in-Deutschland_Studie_Stiftung-Familienunternehmen.pdf, S. X (31.07.2021)

Der »major mental shift«: Digitale Transformation als soziale Transformation

Familienunternehmen haben sich zweifelsohne durchgesetzt, und das obwohl oder gerade weil sie nicht »auf jeden Zug aufspringen«. Im Gegensatz zu anderen Unternehmen waren Familienunternehmen immer vorsichtig, sie blieben oft erst einmal skeptisch gegenüber Trends, Innovationen und vorschnellen Investitionen. Sie wollten immer wissen, ob das, was sie taten, auch nachhaltig Bestand haben und Kundennutzen erzeugen konnte. Doch so traditionsbehaftet ein Familienunternehmen auch sein mag, immer wieder muss es sich der Gegenwart und ihren Entwicklungen stellen. Drei Schlagworte, die im Moment insbesondere deutsche Unternehmen umtreiben, sind »Diversität«, »Digitalisierung« und »Nachhaltigkeit«. Vor allem in den ersten beiden Bereichen, so die Kritiker, gäbe es vor allem in Deutschland

Nachholbedarf. In amerikanischen Unternehmen seien »diversity« und »inclusion« längst selbstverständlich und auch in der Digitalisierung scheinen die USA die Nase vorne zu haben. Warum ist das in Deutschland (noch) nicht der Fall?

»Der Vergleich zwischen Deutschland und den USA muss vor einem spezifischen Hintergrund gesehen werden. Denn wir haben es hier mit zwei völlig verschiedenen ökonomischen Modellen zu tun. Deutschland hat – anders als die USA – seit 70 Jahren einen Ordnungsrahmen, der soziale Marktwirtschaft heißt. Dazu gehört auch das Verständnis für Tarifautonomien, also ein im Grundgesetz vorgegebener Umgang zwischen Gewerkschaften und Arbeitgebern. Das ist auch der Ordnungsrahmen, in dem sich Europa im Augenblick in einem Konkurrenzverhältnis mit den sehr liberal eingestellten USA und einem zentralistisch gelenkten Staat wie China befindet. Europa, Amerika, China – das sind die drei großen Regionen, die jetzt, ja auch in Zukunft den Wettbewerb unter sich ausmachen werden.«

ARNDT KIRCHHOFF <

In jüngster Zeit häufen sich kritische Stimmen. Deutschland trete auf der Stelle, Deutschland sei »träge«, der Sozialstaat ein »Bremsklotz«.[45] Ein Vorwurf, den der Präsident des Münchner *Ifo-Instituts* (Leibniz-Institut für Wirtschaftsforschung an der Universität München e. V.),

---

45 Johannes Pennekamp: Soziale Marktwirtschaft in der Zange, in: Frankfurter Allgemeine Zeitung, 28.04.2021.

Clemens Fuest, jüngst zurückwies. Und tatsächlich ist in Deutschland die »soziale Ungleichheit« lange nicht so groß wie etwa in China oder Amerika. Verhindert wird dies durch eine Einkommens- und eine Vermögensumverteilung. In einem 2019 veröffentlichten Paper des *Verbandes der Familienunternehmer* und *Jungen Unternehmer* heißt es: »Der Mensch ist das Maß, die Wirtschaft das Mittel.«[46] Während also alle über Ungleichheit sprechen, von einem »Unternehmer gegen Bürger«, »Arbeitnehmer gegen Arbeitgeber« und noch radikaler »Gesellschaft gegen Wirtschaft« ist eine soziale Marktwirtschaft gerade an dem Gegenteil interessiert, ihr geht es nicht um ein »gegen«, sondern um das »und«, um die Sozialpartnerschaft.

Im Vergleich zu den restlichen europäischen Ländern ist das Prinzip der sozialen Marktwirtschaft in Deutschland am weitesten ausgeprägt. Alfred Müller-Armack[47] erwähnte den Begriff erstmals 1946 in einem Aufsatz, der sich mit der Suche nach einer dritten Wirtschaftsform zwischen freier Markwirtschaft und staatlicher Regulierung der Wirtschaft beschäftigt. Der damali-

---

46 Hier und im Folgenden: Die Familienunternehmer e.V./Die jungen Familienunternehmer (Hg.): Verantwortungsvolles Wirtschaften – Die Werte der Familienunternehmer. Wie Wirtschaft und Gesellschaft gemeinsam die großen Herausforderungen unserer Zeit meistern. Berlin 2019, S. 7f. Online unter: https://www.familienunternehmer.eu/fileadmin/familienunternehmer/positionen/familienunternehmer_broschuere_diewerte_.pdf (21.9.2021).

47 Der Nationalökonom und Kultursoziologe hatte in Abkehr des klassischen Liberalismus das Konzept und den Begriff der sozialen Markwirtschaft geprägt. Vgl. Artur Woll: Müller-Armack, in: Gabler Wirtschaftslexikon, Online unter: https://wirtschaftslexikon.gabler.de/definition/mueller-armack-37124 (22.10.2021).

ge Wirtschaftsminister Ludwig Erhard konnte die soziale Marktwirtschaft 1948 durchsetzen und führte Deutschland damit direkt in das »Wirtschaftswunder«. Für andere, stark von Familienunternehmen geprägte Länder wie Indien ist das Modell der sozialen Marktwirtschaft ein wichtiges Referenzmodell.[48] Einige berühmte indische Familienunternehmen sind auch in Europa tätig, wie zum Beispiel das Stahlunternehmen Arcelor-Mittal oder auch Tata – ein 1870 gegründeter Mischkonzern für Autos, Rüstung, Lebensmittel, Hotels und Stahl mit Sitz in Mumbai.[49] Indien ist ebenfalls demokratisch geprägt und föderalistisch eingestellt, aber vergleichsweise ein sehr junges Land. Das bedeutet, weil es sehr viele junge Menschen gibt, gibt es auch sehr viele arbeitsfähige Menschen.[50] Das wiederum hat zur Folge, dass die Konkurrenz groß ist und die Arbeitskräfte günstig, der Wohlstand vergleichsweise schwindend klein. Was also unterscheidet diese Geschichte von der in Deutschland? Eine Antwort (von vielen) lautet: die Industrialisierung. Während im 19. Jahrhundert bei den Kolonialherren ein Arbeitskräftemangel herrschte, gab es in Indien immer mehr als ge-

48 Deutsche Vertretungen in Indien (Hg.): Arbeits- und Sozialbeziehungen und Berufsbildung, in: india.diplo.de, 06.04.2018.
49 Silke Diettrich: Wer ist Tata? Breit aufgestellter Kümmer-Konzern, in: tagesschau.de, 20.09.2017.
50 Vgl. hier und im Folgesatz: Joachim Betz: Gesellschaftliche Strukturen, in: Informationen zur Politischen Bildung, 19.01.2018.
51 Dietmar Rothermund: Indiens verspätete industrielle Revolution. Werner Draguhn (Hg.): Indien – Politik, Wirtschaft, Gesellschaft. Institut für Asienkunde 2004, S. 311–318, hier S. 313.
52 Hier und im Folgesatz: Christiane Toyka-Seid/Gerd Schneider: Soziale Frage, in: Bundeszentrale für politische Bildung (Hg.): Das junge Politik-Lexikon.

nug. Die industrielle Maschinenkraft war hier gar nicht notwendig.[51] In Deutschland aber gab es eine industrielle Revolution, die Arbeitsplätze verdrängte.[52] Der demografische Wandel, die niedrigen Löhne und die schlechten Lebensbedingungen der Arbeiter und Arbeitslosen führten zu dem, was wir heute haben: einer modernen Sozialpolitik. Familienunternehmer spielten hier eine besondere Rolle, denn sie sorgten sich um ihre Mitarbeiter, »richteten Betriebsschulen und Betriebskrankenkassen ein« und »boten freiwillige Sozialleistungen wie Zuschüsse zum Wohnungsbau«.[53] So entwickelte sich im Laufe der Zeit vor allem in den industriestarken Gegenden Deutschlands – zu nennen ist hier vor allem Nordrhein-Westfalen – eine höhere Zahl an »Hidden Champions«[54] als in anderen Gegenden.

> »Die sogenannten ›Hidden Champions‹, das sind Familienunternehmen, die am Weltmarkt erfolgreich sind. Diese Erfolge sind gemeinsame Erfolge. Das haben wir alles gemeinsam erwirtschaftet und wir haben es auch einigermaßen fair geteilt. Man muss immer auch die Entwicklung einer Gesellschaft sehen, um die Frage zu beantworten, wie sie es zu Wohlstand gebracht hat. In diesem Fall liegt der Grund in dem gesamten Strukturaufbau, also in

53 Wolfgang Schroeder: Unternehmerverbände, in: Bundeszentrale für politische Bildung (Hg.): Handwörterbuch des politischen Systems der Bundesrepublik Deutschland.

54 Vgl. die Publikationen von Hermann Simon: »Hidden Champions – Aufbruch nach Globalia: Die Erfolgsstrategien unbekannter Weltmarktführer« (2012), »Hidden Champions – Die neuen Spielregeln im chinesischen Jahrhundert« (2021).

unserer sozialen Marktwirtschaft. So haben wir es also ausgerechnet im kleinen Deutschland – Deutschland ist ein kleines Land, wir sind ein Prozent der Weltbevölkerung, nur ein Prozent der Welt – ziemlich weit gebracht.«

ARNDT KIRCHHOFF **<**

Die Geschichte der Industrialisierung markiert den Beginn einer Erfolgsgeschichte. Sie legt den Grundstein für die soziale Marktwirtschaft und damit den Wohlstand einer Nation. Doch jede Erfolgsgeschichte hat eine Kehrseite. Die deutsche Industrialisierung hat die Figur des deutschen Ingenieurs hervorgebracht. Nirgendwo gab es so viele Erfinder und Erfindungen wie in Deutschland. Mit Beginn der Industrialisierung hat sich ein Verständnis dafür entwickelt, wie man ein Gerät baut, das minimalistisch, ressourcenschonend und dabei wenig material- und energieverbrauchend ist. Dieses Wissen hat man über hundert Jahre perfektioniert, dass man jedoch nie über dieses Wissen hinausgegangen ist, wird zunehmend zum Problem.

2016 schrieb Christoph Keese mit seinem Buch »Silicon Germany« einen Bestseller, der für einige ein Weckruf gewesen sein mag. Die pointierte wie provozie-

55 Andrea M. Waden: Essenzen aus »Silicon Germany: Wie wir die digitale Transformation schaffen«, in: amw-management.de, 14.12.2018.
56 Vgl. hier und im Folgenden eine Studie von *Die Deutsche Wirtschaft* (DDW) unter wissenschaftlicher Begleitung von Professor Dr. Bernd Venohr: https://die-deutsche-wirtschaft.de/die-top-branchen-der-deutschen-weltmarktfuehrer/ (31.07.2021).
57 Christoph Keese: Silicon Germany: Wie wir die digitale Transformation schaffen, München 2016, S. 17.

rende Frage lautete: Warum kann Bosch nicht, was Google kann? Die USA, und hier vor allem die in Kalifornien ansässigen oder hervorgegangenen großen Unternehmen wie Google, Amazon, Facebook, Microsoft, haben der Welt etwas voraus. Sie haben dies aber nur in einem einzigen Feld – der Digitalisierung. In den USA wird im Vergleich zu Deutschland sehr viel Kapital für neue Ideen aufgebracht – die USA investieren im Schnitt 60 Milliarden Dollar, während es in Deutschland nur etwa 0,78 Milliarden sind.[55] Trotzdem ist Deutschland in mindestens 26 Branchen weltführend. Dazu zählen zweifelsohne die Automobilindustrie, große Teile der Elektroindustrie und des Maschinenbaus. Zum Vergleich: 94 Prozent der deutschen Weltmarktführer sind in der Industrie tätig, lediglich 4,6 Prozent in der Dienstleistung, 1,4 Prozent im Handel.[56] Konkret bedeutet das, dass die wenigsten im Software-, Internet- und IT-Bereich tätig sind. In den Zeiten der Digitalisierung entsteht hier ein großer Wettlauf, zwischen »Technologie-Gigant« und »Produktions-Zwerg«[57], der zu einer umfassenden Transformation führt.

> »Die erste Halbzeit mag Deutschland vielleicht verloren haben, weil man im Silicon Valley mit der Algorithmenbildung einfach schneller war. Aber die zweite Halbzeit hat gerade erst begonnen! Das heißt, deutsche Unternehmen wie Bosch und Co. fangen an, mit Massendatenverarbeitung bis hin zu künstlicher Intelligenz zu arbeiten.«
>
> **> ARNDT KIRCHHOFF**

> »Das ist glaube ich ein super Thema, das ja nicht nur für Familienunternehmen gilt. Also in diesem Buch von

Christoph Keese, da ist das so perfekt geschildert:
Wir sind die Weltmeister in der vertikalen Integration
geworden. Allerdings haben wir das Ökosystemdenken
noch nicht genügend gelernt. Aber inzwischen schmieden
wir Allianzen, weil uns bewusst ist, dass das besser
werden muss.«

FABIAN KIENBAUM <

Repräsentativ für Deutschland und auch den deutschen Mittelstand sind die verarbeitende Industrie um
Maschinen- und Anlagenbauer. Sie alle stecken mitten
in der vierten industriellen Revolution, kurz Industrie
4.0 genannt, also in der Transformation »klassischer« Industrie durch das Internet der Dinge, Daten und Diens-
te.[58] In einer Welt, in der sich die Wertschöpfung von den
Produkten hin zu einem Datenmodell verschiebt – Wertschöpfung durch Daten –, wird das Auto der Zukunft maßgeblich von Softwaresystemen bespielt werden und letzten Endes wird das, was die deutsche Industrie so stark
gemacht hat, die Antriebe oder auch die Karosserien, weniger relevant werden. In Zeiten der Digitalisierung und
Internationalisierung sind daher Allianzen unabdingbar.
Familienunternehmen haben sich schon sehr früh in
Netzwerke begeben, um ihre eigenen Grenzen zu überwinden. Wenn ein Unternehmen etwa ein Produkt wollte,
das die eigene Expertise überstieg, suchte man sich einen
oder mehrere Partner, mit denen man die eigenen Ide-

---

58   Vgl. Armin Roth: Einführung und Umsetzung von Industrie 4.0.
     Grundlagen, Vorgehensmodell und Use Cases aus der Praxis,
     Heidelberg 2016.

en umsetzen konnte. Hier gab und gibt es beispielsweise große Netzwerke im Maschinenbau, in der Automobilindustrie, allein bei den Zulieferern. Kein Unternehmen, das eine vernünftige Perspektive haben will, kann die Weiterentwicklung von Produkten und seine Marktfähigkeit heute noch alleine bewerkstelligen. Manche Konzerne versuchen vor allem durch Zukauf zum »Global Player« zu werden. Durch Zukauf werden Unternehmen zwar größer, sie können vieles an vielen Standorten produzieren, aber das »viel« ist Vorteil und Nachteil zugleich: Wenn die Mitarbeiter nicht mehr wissen, wofür das Unternehmen, in dem sie arbeiten, eigentlich steht, was es produziert – Autos, Waschmaschinen oder Flugzeugteile, dann geht auch die DNA und damit die Identifikation der Arbeitnehmerinnen und -nehmer mit dem eigenen Unternehmen verloren.

»Netzwerke und Kooperationen sind das Stichwort. Und wenn man netzwerkfähig werden will, dann müssen sich auch die Menschen verändern. Man darf nicht mehr in Konkurrenzen denken, sondern man muss anfangen, in dem Konkurrenten einen starken Partner zu sehen. Obwohl das Thema Netzwerken eigentlich schon mindestens drei Jahrzehnte relevant ist, wird es in Bezug auf die Herausforderungen der heutigen Zeit noch viel stärker in den Vordergrund rücken – auch in der Großindustrie, weil VW, BMW oder Siemens die Digitalisierung nicht alleine integrieren und diese Datenmengen nicht alleine handhaben können. Sie brauchen und haben also Partner. Und eben diese Partner heißen Apple, Google und Facebook.«

> ARNDT KIRCHHOFF

Die Produkte oder Dienstleistungen eines Familienunternehmens haben Tradition, man identifiziert den Namen mit einem Produkt – und das seit Generationen. Das zu ändern, würde zu einem massiven Identitätsverlust führen. Je nach Grad der Offenheit für die Vorteile der Digitalisierung ergänzen Familienunternehmen entweder ihr Portfolio und erfinden etwas völlig Neues unter einem anderen Label, um die eigene Identität erst gar nicht zu gefährden, oder sie verpassen den Anschluss und gehen das Risiko ein, wettbewerbsunfähig zu werden. Nicht selten wird das Neue am Neuen gar nicht erkannt, der Zeitgeist ignoriert und an alten »Ertragsmodellen« und »Geschäftspraktiken« festgehalten. Denn die Prozesse an die Digitalisierung anzupassen, setzt an der von Keese dem Deutschen attestierten tief sitzenden »Neophobie – der Angst vor dem Neuen«[59] an. Oft wird die Belegschaft von der Angst verfolgt, bei neuen Arbeitsprozessen eben genau die unersetzliche Position zu verlieren, die sie immer hatte. Langjährige Arbeitnehmerinnen und -nehmer befürchten, durch Maschinen ersetzt zu werden und einfach zu verschwinden.

»Der Mensch verschwindet nicht, auch nicht bei der Digitalisierung. Aber die Menschen haben unglaubliche Angst vor Veränderung, Veränderungen am Arbeitsplatz, Veränderungen bei den Abläufen. Diese Angst war immer schon ein Thema, nur jetzt – in einer Zeit, in der sich alles

59   Christoph Keese: Silicon Germany: Wie wir die digitale Transformation schaffen, München 2016, S. 18.

noch schneller verändert als früher – ist sie sehr viel akuter. Innovationswellen waren und sind ein Horror für Menschen. Ein Beispiel: Bevor der Computer eingeführt wurde, diktierte man auf Bänder, dann ging das zum Schreibbüro, dann wartete man eine Woche, bis man den Brief oder die Abhandlung zurückbekam. Als der Computer eingeführt wurde, war es zu Ende mit den Schreibbüros, die Arbeitsabläufe wurden überflüssig. Sämtliche Damen und Herren, die an Schreibmaschinen arbeiteten, bekamen Weinkrämpfe. Es war ein absoluter Ausnahmezustand. Ja, das war eine Veränderung, ein Schock. Umso mehr ist es heute die besondere Anforderung an ein gutes Management, den Menschen diese Angst zu nehmen. Und genau hier geht es eben nicht um die Maschine, sondern um jeden einzelnen Menschen. Der Mensch steht im Mittelpunkt, zentraler als jemals bei einer Veränderung zuvor.«

> **ARNDT KIRCHHOFF**

Allerdings bedeutet die Digitalisierung mehr als nur eine Umstellung von analog zu digital, sie bewertet auch die Ressource Wissen völlig anders. Wissen ist teilbar geworden, und zwar beliebig teilbar und verfügbar. Der Umgang mit Wissen ist eine Ressource geworden, die sich zum entscheidenden Wettbewerbsvorteil entwickelt hat. Hier haben Familienunternehmen einen strukturellen Nachteil. Man hat über Generationen gelernt, alles »inhouse« zu machen, aber jetzt geht es um Kollaborationen, um »Open Source«. Um dieser Transformation zu begegnen, ist ein »major mental shift«, also ein kultureller Wandel, ein Umdenken, auch in den Eigentümerkreisen, notwendig.

»Gibt es eine ›digital openness‹ und eine ›digitale ready-ness‹? Das heißt, bin ich offen gegenüber einer Digitali-sierung? Habe ich eine digitale Kompetenz? In der Unter-nehmerfamilie habe ich das nicht unbedingt. Wenn ich traditionsorientiert bin, kann ich mich diesen Dynamiken nicht verschreiben. Wenn die Familie aber grundsätzlich offen ist, dann kann sie ihr Unternehmen in Windesei-le umbauen. Der ›digitale Reifegrad‹ der Unternehmer-familie wird über die Zukunftsfähigkeit der Familien-unternehmen entscheiden.«

TOM A. RÜSEN <

Die digitale Transformation eines Familienunterneh-mens ist an den »Familienfaktor«[60] gebunden. Während in der älteren Generation die »digital openness« – also der »Grad des Verständnisses und der Überzeugung so-wie der Offenheit für die bzw. gegenüber der Digitali-sierung«[61] – relativ gering ist, ist die junge Generation in einer digitalen Welt aufgewachsen und würde sich den

---

60 Ulrich Bretschneider/Anne Heider/Tom A. Rüsen/Marcel Hüls-beck: Strategien der Digitalisierung in Familienunternehmen – Über spezifische Digitalisierungsansätze für Unternehmerfa-milien und Familienunternehmen, Witten 2019, online unter: https://www.wifu.de/bibliothek/strategien-der-digitalisie-rung-in-familienunternehmen/#, Einführung. (21.07.2021); Tom A. Rüsen/Anne Heider/Marcel Hülsbeck/Ruth Orenstrat: Der Einfluss der Unternehmerfamilie auf den Digitalisierungspro-zess des Familienunternehmens – Determinanten und Wirkung des digitalen Reifegrads einer Unternehmerfamilie, Witten 2021, online unter: https://www.wifu.de/books/der-einfluss-der-unter-nehmerfamilie-auf-den-digitalisierungsprozess-des-familien-unternehmens/# (30.09.2021).
61 Ebd., S. 9 ff.

»Einzug« der Digitalisierung im eigenen Unternehmen wünschen. Doch gerade hier kommt es immer wieder zu Konflikten. So geben laut einer Studie von Nachfolgerinnen und Nachfolgern aus insgesamt 31 Ländern etwa 40 Prozent der befragten Mitglieder an, »dass sie frustriert seien, weil sie mit ihren Ideen zur Digitalisierung bei den Senioren nicht durchdringen.«[62]

> »Die Seniorgeneration muss akzeptieren, dass die Juniorgeneration wahrscheinlich zwar nicht so viel Erfahrung in den etablierten Geschäftsmodellen hat, aber sich mit dem heute hoch relevanten Thema der Digitalisierung besser auskennt. Das große Problem liegt in einem Senioritätsprinzip, das seit Jahrhunderten Geltung hat: Wer älter ist, hat recht. Dieses Familienprinzip muss im Rahmen dieser Dynamik einer ›Nachfolge 4.0‹ auf eine ganz neue Art und Weise hinterfragt werden.«
> **> TOM A. RÜSEN**

Das Modell Familienunternehmen ist mit bestimmten Vorteilen ausgestattet, die, unter besonderen Umständen, auch zu Nachteilen werden können. Der Umgang mit Wissen ist hier ein entscheidendes Beispiel. Familienunternehmen sind Traditionsbetriebe, die viel Wissen von den Älteren auf die Jüngeren übertragen. Diese Weitergabe von Wissen von der einen an die nächste Generation führte zu einem unglaublichen Wettbewerbs-

---

62 Anja Müller: Wenn die Digitalisierung Generationen spaltet, in: WirtschaftsWoche, 14.04.2016.

vorteil. An dieser Stelle findet gerade ein Wandel statt, weil sich der Wissenstransfer inzwischen umgekehrt hat: Auf einmal wissen die Kinder und teilweise die Enkel besser Bescheid als die Eltern oder die Großeltern. Diesem Problem begegnen die Unternehmerfamilien auf zwei verschiedene Arten: Die einen verweben die neuen Perspektiven mit den Erfahrungen der Seniorgeneration und schaffen damit sehr konstruktive Modelle. Andere versuchen das Senioritätsprinzip gewissermaßen abzuschütteln, lassen sich auf den Transformationsprozess ein, fallen dann aber in alte Muster zurück. Denn wenn das Familienoberhaupt plötzlich infrage gestellt wird, entsteht nicht selten ein Rollenproblem. Weil die nächste Generation mit Kompetenzen oder Fähigkeiten übernehmen will, die vorher nicht relevant waren, kann sich die Seniorgeneration, die immer mehr wusste und deshalb auch immer recht hatte, schnell attackiert fühlen. Das ist ein immer schon da gewesenes Nachfolgeproblem, das durch diesen Wissensvorsprung, den die Kinder vor den Eltern haben, noch verschärft und eine strukturelle Herausforderung wird. So spricht man heute auch von einer »Nachfolge 4.0«, wenn mit der Nachfolge der neuen, jungen Generation auch ein Transformationsprozess einsetzt, ein »Rethinking« des Unternehmens.

»Familienunternehmen und -unternehmer kommen vielleicht tendenziell eher aus traditionellen Umfeldern. Vieles hat über Jahre gut funktioniert, und was durch die Digitalisierung Einzug gehalten hat, sind eben iterative Vorgänge. Hier braucht es mehr Mut zum Experimentieren, auch von einer neuen Generation. Und hier zeichnet sich ein signifikanter Wandel ab. Denn über viele Jahre und Jahrzehnte war Wissen stark an Seniorität gekoppelt. Und darüber hat sich natürlich auch abgeleitet, wer etwas anweisen oder sagen konnte und wo das Wissen eben auch beheimatet war. Mit dem Phänomen der Technologiesierung verschiebt sich dieses Wissen von der älteren zu der jüngeren Generation, die eine hohe Affinität zur Digitalisierung hat und häufig schon einen Wissensvorsprung in Bezug auf digitale Kommunikation mitbringt.«

> FABIAN KIENBAUM

Bezogen auf die Kultur eines Unternehmens meint Digitalisierung beispielsweise digitale Möglichkeiten des Vertriebs, wie man etwa Plattformen wie Facebook, Google zum Einsatz bringen kann. Gerade hier gibt es eine junge Generation, die gewisse Felder offensichtlich besser beherrscht als eine ältere Generation. Die hohe Kunst liegt nun darin, einen Generationenbruch zu verhindern und stattdessen ein produktives Miteinander zu schaffen, das einen Mehrwert für das Unternehmen bedeutet. Dabei muss man einen Kompromiss finden zwischen dem, was man in der Vergangenheit gut gemacht hat, und dem, was das Unternehmen in der Zukunft anstrebt. In den vergangenen Jahren konnte man beispielsweise häufig beobachten, wie in Berlin abseits des Stammhauses Digitallabore oder Innovationseinheiten aufgestellt wurden und es zum Konflikt kam, weil es im Grunde kein Miteinander gab. Denn eigentlich geht es um die Frage, wie man einander gegenseitig betrachtet. Wenn im Stammhaus nur die Rede davon ist, dass die junge Generation das Geld ausgibt und wiederum im Innovationslabor die ältere Generation als total altmodisch angesehen wird, dann entstehen Probleme und Konflikte. Diese zu verhindern fordert sehr viel Vertrauen zwischen den verschiedenen Generationen.

»Der Zauber der Zukunft baut auf den Zahlen der Gegenwart. Denn selbst, wenn jetzt alle die Digitalisierung gerne totalisieren, muss man überhaupt erst verstehen, was hier und jetzt die Möglichkeiten sind. Erst muss man sich chancenorientiert überlegen, wie man das eigene Unternehmen transformieren kann – auch in Bezug auf die Führung des Unternehmens. Man muss sich Fragen stellen wie: Was haben wir für Einsatzgebiete? Wo haben wir feste Arbeitsverhältnisse, wo haben wir flexiblere Arbeitsverhältnisse? Und darüber entsteht dann auch eine gesunde Dynamik.«

FABIAN KIENBAUM   <

Digitalisierung hat im Kern auch mit der Führung und dem Miteinander eines Unternehmens zu tun. Deshalb ist es so wichtig, sie in eine gemeinsame Unternehmenskultur einzubetten, bei der es um Wertschätzung, Respekt und eben auch um eine gemeinsame Mission geht. Hierin liegt die eigentliche Transformation des Unternehmens. Im Idealfall entwickelt man gemeinsam eine »data literacy«, die festlegt, wie digitale Wertschöpfung funktioniert, wie man sie zum Einsatz bringen und eigentlich gemeinsam davon profitieren kann. Gerade das ist letzten Endes auch eine soziale Transformation, weil viele Führungskräfte sich darauf einstellen müssen, dass sich der Umgang verändert. Unternehmen müssen sich jetzt die Frage stellen, mit welchen Erwartungshaltungen jüngere Menschen tendenziell in Betriebe kommen, wie sich der Arbeitgeber- und Arbeitnehmermarkt verändert hat. Besonders Führungskräfte – selbst als erfolgreiche Führungskraft mit jahrelanger Praxis – müssen eine Flexibilität walten lassen, mental agil bleiben und eine Lernbereitschaft mitbringen. Das soziale Miteinander verändert sich im Moment insofern, als sich hier Macht und Herrschaftswissen verschieben. Hierarchien bleiben wichtig, aber weniger in starren Strukturen, sondern mehr in Netzwerken, durch viele Partnerschaften, die ihre Kernkompetenzen intelligent miteinander zusammenbringen. Hier entwickeln sich gerade neue Formen des Arbeitens, in denen sehr viel kommuniziert und kooperiert wird. Führung wird hier zur hohen Kunst, die viel mit Anpassungsfähigkeit zu tun hat und immer eine sehr gesunde Form der Selbstreflexion fordert. Erst wenn Unternehmen das beherrschen, können sie sich auf diese neuen Zustände und auf diese hohe Dynamik, die aktuell herrscht, einlassen. Wer Zukunftsfähigkeit für sich als Organisation großschreibt, wird sich zwangsläufig mit diesen Phänomenen auseinandersetzen müssen.

Auf dem Weg in eine neue Gesellschaft?: Andere Formen von Nachfolgerschaft

Die Zeit steht nie still, alles befindet sich im Wandel, ständig muss man sich neu justieren – das gilt für den einzelnen Menschen wie auch für ein gemeinsames Unternehmen. Familienunternehmen kann das jedoch vor ganz besondere Probleme stellen. Während in einer modernen Welt Zeit immer schneller zu werden scheint, denken Familienunternehmen in einer anderen Geschwindigkeit. Was die Gesellschaft jetzt bewegt, wird für ein Familienunternehmen erst morgen relevant. Die Gründe hierfür liegen in den natürlichen Strukturen des Familienunternehmens, das nicht nur an das Hier und Jetzt denkt, sondern vielmehr daran, das Unternehmen in die nächste Generation zu tragen. Diese neue, nächste Generation muss wiederum auf die aktuelle Zeit reagieren, also auch auf neue Gesellschaftsmodelle und Rollenbilder. So langsam die Mühlen in den Familienunternehmen auch mahlen mögen, es gibt bestimmte Momente in der Geschichte, die alles beschleunigen. Vor allem Kriege, Umweltkatastrophen und Pandemien haben immer wieder ein Umdenken und damit auch ein Umstrukturieren beschleunigt.

»Wir arbeiten gerade an einem Forschungsprojekt mit dem Titel ›Narratives of Survival‹, bei dem wir die ältesten Familienunternehmen Deutschlands interviewen. Das jüngste ist 250 Jahre alt. Diese Unternehmen erzählen, dass die Krisen immer die Bruchpunkte, jene validen Ereignisse waren, bei denen die Familie ihre Stärke ausspielen konnte: im Sinne von Zusammenhalt, schneller Entscheidung und dem Aufspüren von Opportunitäten. Und deshalb würde ich sagen, diejenigen, die es geschafft haben, sind deswegen so erfolgreich, weil sie Überlebenskünstler sind. Wenn dementgegen ein Unternehmen auf einem Geschäftsmodell bestand, wo jeder wusste, dass es eigentlich überholt ist, dann beschleunigte die Krise nur den Untergang. In einer Krise fährt man also sozusagen nicht mit der normalen Geschwindigkeit auf den Wasserfall zu, sondern man hat zusätzlich den Turbogang eingelegt.«

TOM A. RÜSEN <

Man glaubt gerne, dass Krisen etwas verändern oder zu etwas nie Dagewesenem führen. Aber man muss immer sehen, was eine Krise eigentlich genau ist: Eine Krise ist nicht nur ein Wendepunkt, von dem aus sich etwas von dem einen Zustand in einen anderen entwickelt, sondern sie ist ein Punkt, an dem sich etwas entscheidet. In der Medizin spricht man bei einer Krisis von einem Höhepunkt der Krankheit, an dem sich herausstellt, ob der Patient überlebt oder ob er sterben muss. Wenn in der Betriebswirtschaft von einem funktionierenden Familienunternehmen gesprochen wird, dann wird es »gesund« genannt. Krisen bedeuten also für Familienunternehmen eine existenzielle Bedrohung, in der sich entscheidet, ob man das Unternehmen nicht mehr retten kann, Arbeitsplätze verliert und vielleicht sogar Familienmitglieder entlassen muss oder sich das Unternehmen ggf. durch »Medikamente« wie Sanierung und Restrukturierung kuriert. Für ein Familienunternehmen ist es daher unheimlich wichtig, Krisen bzw. die Symptome einer Krise frühzeitig zu erkennen und zu reagieren.[63]

»In Krisen muss man in der Lage sein, relativ schnell Entscheidungen zu produzieren. Wenn man ein Familienverbund ist, der gut miteinander harmoniert, dann ist man in der Lage, den ›Feind‹ zusammen abzuwehren. Die Krise ist sozusagen der Feind, der das Unternehmen, das Vermögen und die Arbeitsplätze bedroht. Aber es gibt immer Konflikte, und wenn zwischen den verschiedenen Familienstämmen seit Generationen Zwist besteht, dann ist die Krise meistens der Zeitpunkt, an dem alte Rechnungen beglichen werden. Krisen fungieren bei Familienunternehmen als Brennglas der Verfassung, in der sich

---

63   Tom A. Rüsen: Krisen und Krisenmanagement in Familienunternehmen (2. Aufl.), Berlin 2016, S. 109ff.

die Unternehmergemeinschaft befindet. Leider führen sie auch sehr häufig zur Eskalation latent vorhandener Familienkonflikte. Meistens ist das Unternehmen dann nicht mehr zu retten.«

TOM A. RÜSEN <

Eine Untersuchung des *Wittener Instituts für Familienunternehmen* (WIFU) aus dem Jahr 2008[64] kommt zu dem Schluss, dass die Wechselwirkungen zwischen Unternehmen und Familie die Krise entweder verschärfen oder mildern. Krisensituationen werden für Familienunternehmen insbesondere dann herausfordernd, wenn nicht ausgetragene Konflikte in den Eigentümerfamilien bestehen. Wenn jedoch der Familienverbund stark ist, dann, so zeigt die Forschung, können Familienunternehmen gerade in Krisen enorme Vorteile haben. Denn sie können schnell umfangreiche Entscheidungen treffen, also beispielsweise die eigene Produktion ändern. Die jüngsten Beispiele sind Firmen wie Mann + Hummel (Filterhersteller), die während der Corona-Pandemie begonnen haben, Luftfilter für Schulklassen herzustellen, die Firma Dräger, die ihre Produktion auf Atemgeräte konzentrierte, oder Dr. Kurt Wolff (u. a. bekannt durch das Shampoo Alpecin), die ihr Portfolio kurzerhand um Desinfektionsmittel erweiterten. Besonders langlebige Familienunternehmen haben in der Vergangenheit immer wieder bewiesen, dass sie Krisenereignisse unternehmerisch aufgreifen und besonders begabt darin sind, die sich auftuenden Opportunitäten unternehmerisch zu nutzen. Oft finden in diesem Fall die Familienmitglieder als Eigentümergemeinschaft wieder zueinander und können – gerade weil sich alle einig sind – eigentlich schon längst notwendig gewesene Restrukturierungsmaßnahmen durchführen. Krisen leiten also nicht immer nur eine schlechte Zeit ein, sie eröffnen auch neue Chancen. Nicht umsonst hat das Wort Krise im Chinesischen eine doppelte Bedeutung – Gefahr und Gelegenheit.

> »Bei den Familienunternehmen verändert sich gerade – durch Themen, die schon längst vor den großen Krisen da waren wie Digitalisierung, Diversität, Nachhaltigkeit – etwas fundamental. Und wenn sich etwas verändert, muss sich der Eigentümerkreis fragen, wie man mit der unbekannten Situation umgeht, wo man in Zukunft hinwill und ob das eigene Geschäft eigentlich noch nachgefragt ist oder man hier vielleicht doch in eine ganz andere Richtung gehen muss.«
>
> **> TOM A. RÜSEN**

Das Brennglas Krise hat im letzten Jahr – neben Digitalisierung und »New Work« – vor allem eine Diskussion befeuert: die um Diversität, speziell um Frauen in Unternehmen. Denn wenn es um Homeoffice geht, wird oft die Flexibilität der Mütter infrage gestellt.[65] Telefonkonferenz und Kinderbetreuung, wie geht das? Abermals werden alte Rollenmuster debattiert und die Frau als Führungsperson angezweifelt. In der Mitte des

---

64 Tom A. Rüsen: Krisen und Krisenmanagement in Familienunternehmen (2. Aufl.), Berlin 2016, S. 109ff.

65 U. a. Kristin Joachim: Viel »home« und wenig »office«, in: tagesschau.de, 04.06.2020.

(ersten) Pandemiejahres liefert eine Studie Daten, die Öl ins Feuer gießt. Im Juni 2020 titelte die AllBright Stiftung »Die deutschen Familienunternehmen. Traditionsreich und Frauenarm«.[66] Die Familienunternehmen haben, so schrieben sie weiter, »bei der Modernisierung ihrer Führungsstrukturen den Fuß auf der Bremse«. In den 100 umsatzstärksten Familienunternehmen Deutschlands seien lediglich 6,9 Prozent der Mitglieder in Geschäftsführungen Frauen. Familienunternehmen seien immer anpassungs- und deswegen überlebensfähig gewesen, doch der Frauenanteil in der Unternehmensführung sei schlichtweg ein »Blind Spot«.

»Ich glaube, dass wir spätestens in 15 Jahren überhaupt keinen Unterschied mehr machen, ob Frauen oder Männer in einem Unternehmen eine Nachfolge antreten. Bisher sind das wenige, aber wenn ich in mein Umfeld schaue – wir haben Arbeitskreise, in denen sich viele Familienunternehmen treffen –, dann spielt das keine Rolle mehr. Da geht es vielmehr um die Frage, wer ist geeignet und wer will, ganz unabhängig vom Geschlecht. Das gilt bei uns auch im gesamten Unternehmen, denn wir versuchen, wenn es irgendwie geht, gemischte Teams zu haben. Und das machen wir nicht seit gestern, sondern das machen wir schon seit 30 Jahren.«

ARNDT KIRCHHOFF <

Oft wird vergessen, dass es in der Vergangenheit keine Seltenheit war, dass Frauen in Unternehmen tätig waren, es zeitweise sogar leiteten. Dabei hat wohl jedes Mehr-Generationen-Familienunternehmen irgendwann eine Phase gehabt, in der es keinen Nachfolger gab und sich die Frau über eine kritische Situation hinweggehoben hat. In früheren Unternehmenschroniken wurde die Rolle dieser Frauen oftmals mit nur zwei Nebensätzen abgespeist. Erst in den letzten Jahren wächst das Interesse für diese Unternehmerinnen.

Das wohl bekannteste Beispiel ist Käte Ahlmann, die nach dem Tod ihres Mannes 1931 die Carlshütte in Buddelsdorf und damit den damals mit circa 1.100 Mitarbeitern größten Betrieb in Schleswig-Holstein führte.[67] Sie gilt als Schöpferin und erste Vertreterin eines »modernen Typs von Unternehmerin«.[68] Bevor ihr Mann starb, war sie nicht im Unternehmen aktiv gewesen, und nach dem Tod des Mannes waren es ihr Schwiegervater und zwei Schwäger, die sie ermutigten, die Führung des Unternehmens in die Hand zu nehmen. Sie wollte das Unternehmen in der Hand der Familie sehen und wandelte die »Aktiengesellschaft in eine allein im Besitz der Familie befindliche Kommanditgesellschaft« um. Während des Zweiten Weltkriegs stellte sie auf Kriegsproduktion um und beschäftigte knapp 1.200 Zwangsarbeiter, während ihr ältester

---

66 Hier und im Folgenden: https://www.allbright-stiftung.de/aktuelles/2020/6/10/der-neue-allbright-bericht-ist-erschienen (30.07.2021).

67 Vgl. hier und im Folgenden: Christiane Eifert: Deutsche Unternehmerinnen im 20. Jahrhundert, München 2011, S. 54 ff.

68 »Sie zählt zu den profilierten Persönlichkeiten der westdeutschen Wirtschaft. Für den modernen Typ der Unternehmerin hat Frau Ahlmann ein Leitbild geschaffen, hat Anregungen nicht nur gegeben, sondern durch ihr Beispiel auch Wirklichkeit werden lassen« (Schleswig-Holsteinische Landeszeitung, 19. Juni 1963). Online unter: https://www.kaete-ahlmann-stiftung.de/kaumlteahlmann.html (30.07.2021).

Sohn im Krieg diente. Das Unternehmen übersteht den Krieg vergleichsweise gut, nach 1945 baut sie sogar weitere Tochterunternehmen auf, darunter eine Betonfabrik, ein Transportunternehmen und eine Reederei. 1954 gründet sie mit dreißig anderen Unternehmerinnen den bis heute existierenden *Verband deutscher Unternehmerinnen* (damals *Vereinigung von Unternehmerinnen*). Bekannt wurde die bis 1962 bestehende Präsidentin Käte Ahlmann durch den Ausspruch: »Ob mir ein Mann seinen Sitz in der Straßenbahn anbietet, ist mir egal. Er soll mir einen Sitz in seinem Aufsichtsrat anbieten.« Oberstes Ziel dieses Verbandes war nicht nur die Vernetzung der Unternehmerinnen untereinander und die damit verbundene Stärkung der Deutschen Wirtschaft oder die Kontakte und Kooperationen mit der Politik, sondern auch eine Sichtbarmachung der Unternehmerin. So konstatiert Christiane Eifert 2011: »Unternehmerinnen sind eine reguläre Erscheinung im deutschen Wirtschaftsleben des 20. Jahrhunderts und keine Ausnahmefiguren. Ihre ökonomische Wirksamkeit kontrastiert allerdings scharf mit ihrer gesellschaftlichen Unsichtbarkeit.« Problem sei also nicht, dass es keine Unternehmerinnen gibt, sondern, dass man sie einfach nicht sieht.

Selbst heute fehlt es an Personen, die eine entsprechende Symbolkraft ausüben. Als »role model« werden in der Regel Dr. Nicola Leibinger-Kammüller (Trumpf) und Dr. Simone Bagel-Trah (Henkel) herangezogen. Zu nennen wären genauso Anna Maria Braun (B. Braun Melsungen AG), Yvonne Bauer (Bauer Media Group) oder Natalie Mekelburger (Coroplast). Noch heute stiftet es an manchen Werkstandorten Verwirrung, wenn das erste

Mal eine Frau auftritt, und dann auch noch in der Führungsfunktion und als Mitglied der Unternehmerfamilie. Solche Frauen sind echte »Pionierinnen«, die alte Vorstellungen und Strukturen erst einmal aufbrechen müssen.

> »Wir haben mehr Beraterinnen als Berater und wir haben darüber hinaus auch ohnehin mehr weibliche Mitarbeiterinnen als Mitarbeiter. Wir sind aber in der Spitze männerdominiert. Dabei haben wir uns immer als ein sehr flexibel aufgestelltes Unternehmen verstanden. Beispielsweise auch allein schon durch die Familie: Ich habe fünf Schwestern. Wir hatten wahrscheinlich in der Vergangenheit einfach nicht die entsprechende Sensibilität, das Thema so zu handhaben, dass es am Ende nicht zu diesen Ergebnissen kommt. In der Konsequenz haben wir für uns die Entscheidung getroffen, die Dinge nicht mehr nur dem normalen Verlauf zu überlassen, sondern top-down zu unterstützen, indem wir unsere Führungsriege durch eine Co-CEO erweitert haben, nicht zuletzt aus Diversitätsgründen.«
>
> **> FABIAN KIENBAUM**

Wenn man in ein Familienunternehmen hineingeboren wird, wächst man in einem tradierten Wertesystem auf. Das heißt, es gibt Traditionen und Rollenmuster sowie bestimmte Vererbungspraktiken, die schon seit Generationen von Neuem wiederholt werden. Diese konservativen Familiensysteme sind auch dafür verantwortlich, dass Impulse, die in der Gesellschaft vorhanden sind, eine längere Zeit brauchen, um in die Tradition einzugreifen. Wo in vielen Familien Traditionen und Geschichte in der Regel über zwei bis drei Generationen überleben, ist in einer Unternehmerfamilie die Geschichte permanent präsent, um die besondere Tradition wachzuhalten. Auf der Kehrseite führt dies oft dazu, dass auch das Denken in konservativen Mustern überlebt.

»Heute wird da kein Unterschied mehr gemacht zwischen Tochter und Sohn. Vor 30 Jahren wurde der gemacht. Die Töchter studierten Architektur, schöne Künste, heirateten, bekamen Kinder und kümmerten sich um diese Kinder. Das war so, aber heute hat sich das gewandelt. Die Väter lieben ihre Töchter genauso wie die Söhne – und sie trauen ihren Töchtern genauso wie ihren Söhnen zu, ein Unternehmen zu führen. Deswegen ist es jetzt an der Zeit, dass dieses alte Rollenmodell einem neuen Rollenmodell Platz macht.«

ARNDT KIRCHHOFF   <

Laut einer 2017 vom WIFU veröffentlichten Studie[69] nimmt »die Variable Geschlecht als Einflussfaktor im Rahmen der Nachfolge an Bedeutung« zunehmend ab, weil sich auch das Geschlechterrollenbild stark gewandelt hat. Jenes neue Rollenbild der Frau, das die gegenwärtige Generation so selbstverständlich einzufordern scheint, war lange Zeit überhaupt nicht selbstverständlich: 1919 durften Frauen erstmals wählen, bis 1958 entschied der Mann über Aufenthalt und Gesundheit der Frau und noch weitere 20 Jahre entschied der Mann, ob seine Ehefrau einen Beruf ausüben durfte. Wer 1977 auf die Welt kam, hatte erstmals Eltern, die ein anderes Rollenbild vorlebten und ganz anders mit der Frage der

Gleichberechtigung umgingen. Heute kann eine Frau selbst entscheiden, welchen Beruf sie ausübt – und ob sie ein Unternehmen übernimmt.

»Weibliche Nachfolge« ist nicht per se »schwieriger«, für die Autorinnen der oben genannten Studie ist sie »in manchen Aspekten einfach anders«.[70] Sie sprechen von ganz neuen Formen der Nachfolge.[71] Die Mehrzahl der befragten Unternehmerinnen gibt an, dass sie einen Partner hat, der sie unterstützt. 88 Prozent der Partner sind außerhalb vom Familienunternehmen der Frau tätig. Diese Zahlen sind keine Selbstverständlichkeit. In der Vergangenheit hat vor allem die Partnerwahl zu Problemen in den Familienunternehmen geführt. Denn oft wurden von der traditionsbehafteten Kernfamilie Ehemänner erwartet, die eine starke Rolle im Unternehmen übernehmen. Sie verdrängten dann gewissermaßen die Frau in ihrer Position als Nachfolgerin. Selten förderte der Mann die Karriere seiner Frau, und wenn er dies tat, wurde er oft von der Familie nicht mehr ernst genommen. In anderen Fällen führte der explizite Karriereanspruch der Frau bereits im Vorfeld zur Trennung. Spätestens die jetzige Generation, die 20- bis 25-Jährigen, schaut ganz anders auf dieses Thema.

---

69 Hier und im Folgenden: Weibliche Nachfolge: Ausnahme oder Regelfall? https://idw-online.de/de/news679323 (zuletzt 30.07.2021).
70 Ebd.
71 Hier und im Folgenden: Dominique Otten-Pappas/Daniela Jäkel-Wurzer: Weibliche Nachfolge – Ausnahme oder Regelfall? Eine Studie zur aktuellen Situation im Generationswechsel deutscher Familienunternehmen, Witten 2017, S. 33 ff. Online unter: https://www.wifu.de/bibliothek/weibliche-nachfolge-ausnahme-oder-regelfall/# (21.07.2021).

Nicht ganz unproblematisch ist der Zeitpunkt, an dem Frauen ihre Nachfolge antreten. Im Schnitt steigen Frauen mit 31 Jahren in das Unternehmen ein, also in einem Alter, in dem Karriere- und Familienplanung kollidieren. Problematisch ist, dass diese Frauen mehr als doppelt so viel Zeit in die Familienaufgaben investieren (22 statt 9 Wochenstunden), jedoch genauso viel Zeit ins Unternehmen einbringen wie vor der Geburt des Kindes (47 statt 45 Wochenstunden). Familienunternehmen haben diese Schwierigkeit erkannt und entwickeln individuelle und kreative Modelle der Vereinbarkeit zweier Rollen – Unternehmerin und Mutter. Derzeit gewinnt das für das Familienunternehmertum traditionelle Modell des »ganzen Hauses« wieder an Bedeutung. Praktiziert wird eine Doppelrolle von Mutter und Unternehmerin, die Kinder werden mit ins Büro genommen, auch von Mitarbeitern betreut und so wachsen sie – wie das früher gang und gäbe war – mit und in dem Familienunternehmen auf.

Fakt ist, für neue Rollenbilder braucht es auch neue Modelle von Arbeit. Die Idee von Arbeit hat sich maßgeblich geändert. Wo es früher um »Status, Geld oder Karriere« ging, rücken heute »Selbstverwirklichung und -bestimmung« in den Vordergrund, gleichzeitig »dominieren Wir-Werte«: »Partnerschaft, Familie, Freunde und auch sinnhaftes Engagement für die Gemeinschaft«. Man arbeitet sich nicht mehr für die Karriere auf, vielmehr ist man auf der Suche nach einer gesunden »Work-Life-Balance«.

»Es gibt inzwischen ziemlich viele Männer, die die Karriere ihrer Frau fördern wollen und einen Rollenwechsel akzeptieren. In zehn Jahren werden wir sehen, dass das völlig normal ist. Entweder sollte die aktive Geschäftsführung mit der Zeit gehen und neue Ordnungen akzeptieren oder sich verabschieden. Man kann nicht erwarten, dass die junge Generation veraltete patriarchale Strukturen hinnimmt, dann bleiben die Jüngeren nicht da, viel eher gehen sie weg.«

> ARNDT KIRCHHOFF

Solche neuen Formen der Nachfolge können nur entstehen, weil gerade eine gesellschaftliche Transformation im Gange ist, es ändert sich etwas, wenn auch sehr langsam. In einigen Familienunternehmen dauert diese Transformation etwas länger, weil die traditionellen Familienstrukturen und die damit verbundene traditionelle Perspektive auf Familiarität erst überwunden werden muss. Es gibt die »Töchter der Wirtschaft«[72], die hier sozusagen gerade hineinwachsen. Immer mehr Frauen werden jetzt aktiv. Man muss diese Entwicklungen als Übergangsphänomen sehen. Deutschland ist auf dem Weg in eine Gesellschaft mit neuen Rollen- und Lebenskonzepten, genauso wie es auf dem Weg in eine neue Wissensgesellschaft ist. Wenn hier die Familienunternehmen etwas zögerlich oder etwas langsamer sind, hat das genauso wie bei der Digitalisierung etwas mit ihrer Traditionsverhaftung zu tun.

---

72 Steffen Klusmann: Töchter der deutschen Wirtschaft. Weiblicher Nachwuchs für die Chefetage, München 2008.

Vom »nachhaltigen Traditionalisten« zum »Greentech-Champion«

Nicht nur eine »digitale Transformation« und »soziale Transformation« wird heute diskutiert, hinzu kommt eine »ökologische Transformation« – und auch die ist im vollen Gange.[73] Gemeint ist ein umfassender Umbau der Wirtschaft zugunsten des Klimaschutzes. Bereits 2015 hatten sich die Vertragsparteien des Kyoto-Protokolls (2014) in dem sogenannten Pariser Abkommen auf ein rechtsverbindliches Klimaschutzabkommen geeinigt. Im Dezember 2019 wurden von der europäischen Kommission Maßnahmen für mehr Klima-, Umweltschutz

73 Stiftung Familienunternehmen (Hg.): Chancen und Risiken in der Politik des Green Deal. Jahresheft des Wissenschaftlichen Beirats der Stiftung Familienunternehmen, erstellt von Udo Di Fabio, Gabriel Felbermayr, Clemens Fuest, Kay Windthorst, München 2021.

und Nachhaltigkeit vorgestellt. Der europäische »Green Deal« versucht im Grunde zwei verschiedene Dinge zu vereinbaren, nämlich »Wirtschaftswachstum mit Klima- und Umweltschutz«, mit dem Ziel, Europa bis 2050 klimaneutral werden zu lassen. Ein Jahr später bestätigte der Europäische Rat die Klimaziele, denen die EU-Führungsspitzen zugestimmt hatten. 2020 positionierten sich auch die Familienunternehmerinnen und -unternehmer hierzu, sie befürchteten eine Wiederholung der gescheiterten deutschen Energiewende[74] auf europäischer Ebene, sollten die Klimaziele nicht »marktwirtschaftlich, technologieoffen und international ausgestaltet« werden.[75] Kurz: Klimaschutz muss marktfähig sein. Es müssen Rahmenbedingungen geschaffen werden, die eine Wettbewerbsfähigkeit unter Umsetzung der festgelegten Maßnahmen garantieren. Viele diskutieren nicht nur die Auswirkungen auf die Industrie- und Finanzpolitik, sondern auch den Zeitplan. Was lange klingt – 30 Jahre – ist in Wirklichkeit ein Katzensprung. Jede Unternehmerin und jeder Unternehmer weiß, dass Transformierungsprozesse eine jahrelange Planung, Strategie- und Entscheidungsfindung erfordern.

74 Vgl. hier auch: Kathrin Witsch: Ökostrom allein reicht nicht – auch Verkehr und Wärmesektorschaden dem Klima, in: Handelsblatt, 04.06.2018; Ulrich Bettermann: Deutschland einig Aussteigerland, in: Die Welt, 28.03.2019.
75 Klaus Stratmann: Familienunternehmer kritisieren Green Deal, in: Handelsblatt, 16.07.2020.
76 Vgl. hier und im Folgenden: Marcel Hülsbeck/Andreas Hack/ Maike Gerken/Robin-Alexander Ernst: Nachhaltigkeit in Familienunternehmen. Kostenfaktor, Innovationstreiber oder unternehmerische Verantwortung?, Witten 2020, S. 11.

»Angenommen, man entscheidet sich, in neue Umwelttechnologien zu investieren, dann sind die notwendigen
Schritte nicht in drei Jahren getan, auch nicht in fünf.
Aber man weiß heute schon, dass es gemacht werden
muss. Dementsprechend werden alle Schritte einge-
plant, in den Investitionsplan, in die Informationen für
die Mitarbeiterinnen und Mitarbeiter usw. Im Grunde
genommen ist das etwas, was wir jeden Tag machen, das
ist eine Daueraufgabe in jedem Unternehmen. Nachhaltiges Handeln ist heute nicht mehr nur für Kapitalgeber
ein Maßstab, sondern auch für die Mitarbeiterinnen und
Mitarbeiter, die Belegschaft, die Gesellschaft.«

> **ARNDT KIRCHHOFF**

Das in dieser Diskussion zum Trend gewordene
Schlagwort Nachhaltigkeit ist ein viel verwendeter Begriff, der ökologische, wirtschaftliche und soziale Dimensionen betrifft.[76] Die *Weltkommission für Umwelt und Entwicklung der UNO* definiert »Nachhaltigkeit« als »nachhaltige Entwicklung, die Bedürfnisse der Gegenwart zu
befriedigen, ohne zu riskieren, dass zukünftige Generationen ihre eigenen Bedürfnisse nicht werden befriedigen
können«. Übersetzt ist damit gemeint, dass die eigenen
Unternehmensinteressen und die Interessen von Mensch
und Umwelt in Gegenwart wie Zukunft nicht auseinan-
derdriften. Dieses Bewusstsein hat sich längst in das
Firmenimage eingeschrieben. Beinah kein (Familien-)
Unternehmen zeigt nicht offen und transparent seinen
ökologischen Fußabdruck. Die *Jungen Unternehmer* haben längst erkannt, dass »Markt« nicht mehr ohne »Gesellschaft« zu machen ist. Sie haben ein spezifisches

Bewusstsein dafür entwickelt, wie Markt heute funktioniert: »Über den Erfolg von Unternehmen entscheidet immer noch der Markt. Aber der Markt ist in der heutigen Kommunikationsgesellschaft nicht mehr unabhängig von gesellschaftlichen Debatten.«[77]

Aber was bedeutet Nachhaltigkeit für ein einzelnes Unternehmen? Viele nennen es eine »Sisyphusarbeit«[78], denn sie betrifft den Arbeitsweg, Arbeitsplatz, Arbeitsprozesse genauso wie die Produktion, Lieferketten etc. Ein Beispiel ist der Hersteller von Bergsportausrüstung und Rucksäcken Vaude, dessen Geschäftsführerin Antje von Dewitz spricht von einem »Sustainability Summit« und visualisiert die Aufgabe mit einem Gipfel, den es zu erklimmen gilt. In mehreren Etappen wie der Gründung eines Teams für Nachhaltigkeit, einem Nachhaltigkeitscontrolling und einem Umweltmanagement wird das gesamte Unternehmen nach und nach transformiert. Mit seiner Umstellung auf Nachhaltigkeit erhielt das Familienunternehmen zuletzt den *B.A.U.M.-Umweltpreis*. Ein anderes Beispiel ist die Alfred Ritter GmbH & Co. KG. Sie setzt sich seit über 25 Jahren für »bessere soziale und ökologische Bedingungen im Kakaoanbau« ein, u. a. durch Kooperationen mit »Plant-for-the-Planet«, die Partnerschaft mit einer Kakaokooperative in Ghana oder den Eigenanbau unter fairen Arbeitsbedingungen in Nicaragua.

---

77 Die Familienunternehmer e.V./Die jungen Familienunternehmer (Hg.): Verantwortungsvolles Wirtschaften – Die Werte der Familienunternehmer. Wie Wirtschaft und Gesellschaft gemeinsam die großen Herausforderungen unserer Zeit meistern. Berlin 2019.
78 Felix Wadewitz: Wie Vaude auf Nachhaltigkeit getrimmt wird, in: impulse. Netzwerk und Know-how für Unternehmer, 27.07.2012.

2018 wurde sie mit dem *Deutschen Nachhaltigkeitspreis* ausgezeichnet, seit 2019 wird klimaneutral produziert, bis 2025 will das Unternehmen »komplett klimaneutral« werden.[79] Diesen Familienunternehmen ist gemein, dass sie Profit gegen Zukunftsfähigkeit tauschen. Die Produkte werden nachhaltiger, das heißt, sie werden auch fair erzeugt, mit natürlichen Mitteln hergestellt und ressourcenschonend verarbeitet; damit werden sie jedoch auch teurer. Man nimmt in Kauf, dass die Zahl der Kundinnen und Kunden erst einmal zurückgeht, ganz einfach, weil man andere Preise gewohnt ist. Dass die Zahl der Kundschaft eben nicht kleiner, sondern sogar größer wird, bestätigt einen umfangreichen kulturellen Wandel in der Gesellschaft, die ein ganz anderes Bewusstsein für ihre Umwelt entwickelt hat.

> »Auch die Unternehmerfamilie ist dem gesellschaftlichen Wandlungsprozess ausgesetzt und deshalb muss sie sich auch mit dem Thema Nachhaltigkeit auseinandersetzen, das für die nächste Generation einen immensen Wert hat. Wenn die Enkel sich bei *Fridays for Future* engagieren, hat das auch Konsequenzen für das zukünftige Unternehmen. Die Unternehmerfamilie muss sich fragen, inwiefern ihre Haltung, ihr Unternehmen als Unternehmen mit dieser Grundhaltung vereinbar ist – oder eben nicht.«
>
> **> TOM A. RÜSEN**

---

79 Vgl. https://www.ritter-sport.com/de/nachhaltigkeit; für eine kritische Auseinandersetzung vgl. Marinela Potor: Wie nachhaltig ist Ritter Sport wirklich?, in: BASIC thinking, 03.06.2021.

Sich mit der nächsten Generation auseinanderzusetzen, bedeutet immer auch, sich mit dem Unternehmen der Zukunft zu beschäftigen. Traditionellen Unternehmen kann es schwerfallen, sich auf neue Werte einzulassen, tradieren sie doch ihre Grundhaltungen oft schon über Jahrhunderte. Hier stehen sich Tradition und Innovation gegenüber. Diesen (inneren) Konflikt müssen Unternehmerfamilien allerdings schon seit Jahrhunderten immer wieder von Neuem bewältigen, denn in der Regel stehen sich in jedem Zeitalter verschiedene Generationen mit unterschiedlichen Haltungen gegenüber. Weil sich der Zeitgeist permanent ändert, verschieben sich auch die Konfliktlinien. Welchen Wert Karriere, Religion, Familie, Konsum etc. haben, kann sich von Generation zu Generation ändern. Die Diskussion bestimmt, inwiefern Neues in die alte DNA des Unternehmens integriert wird, wie neue Werte unternehmerisch aufgegriffen werden können. Wenn die Geisteshaltung unter den Eigentümern divergiert, ist das Unternehmen schlichtweg in Gefahr. Im schlimmsten Fall kann sich die Familie nicht einigen, die ältere Generation muss dann fürchten, dass das Unternehmen mit der nächsten Generation zerbricht. Viele von ihnen reagieren dann mit der Überführung des Unternehmens in eine Stiftung oder verkaufen das Unternehmen.

Die Generation Z hinterfragt die Lebensführung, wie es bisher keine andere Generation tat: Was wir essen, trinken, wo und wie wir leben und arbeiten – all das wird in seiner Nachhaltigkeit diskutiert. Konsum ist kritisch geworden und so auch alles, was hinter dem Konsumierten steht. Besonders diese Generation ist daran interessiert, ein Unternehmen nicht nur für sich oder in einem lokalen Kontext zu verstehen. Sie wollen herausfinden, welchen Sinn (»purpose«) ihr zukünftiges Unternehmen in einer globalen Gesellschaft hat und welchen signifikanten Beitrag es damit für eine bessere und gerechtere Welt leisten kann. Das mag auch damit zusammenhängen, dass diese Generation weniger in Material und mehr in Erleben investiert. Früher mögen die Unternehmer ihr Leben an einem Standort verbracht haben, heute sammeln Jungunternehmerinnen und -unternehmer ihre ersten Erfahrungen oft erst in anderen Weltregionen oder in anderen Unternehmen, bevor sie nach Deutschland und an den Ursprungort der Firma zurückkehren. Sie lernen andere Gesellschafts- und Firmenkulturen kennen. Im Gepäck haben sie nicht selten eine neue Sicht auf die Welt, sondern auch auf das elterliche Unternehmen. Das kann zum Konflikt führen oder zu einem Umdenken bei Prozessen und Produkten.

> »Wenn ich jetzt unsere eigenen Kinder sehe, dann haben die natürlich eine andere Sicht auf unser Unternehmen. Der eine hat eine Zeit lang in Indien gelebt, der andere in Südafrika. Natürlich kommen beide mit einem anderen Weltbild zurück und haben viele Fragen. Denn sie blicken durch ihre Brille der Gegenwart auf das, was ein Unternehmen macht und tut, und fragen nach dem ›purpose‹, sie wollen herausfinden, ob das alles gerecht ist und wie es funktioniert. Klar, die sind noch nicht im Geschäft, aber warum sollen sie nicht kritische Fragen stellen. Die nächste Generation wird sich nicht nur fragen, ob sie die Nachfolge

Nachhaltigkeit ist das Thema der Stunde. Den wenigsten dürfte klar sein, dass in den »15 wichtigsten Umwelt-
branchen« über »37.000 Familienunternehmen« nicht
nur »aktiv« sind, sondern in ihrem Bereich sogar zu den
»Greentech-Champions« zählen.[80] Besonders groß ist der
Anteil der Familienunternehmen in den Bereichen Wind-
kraft, Wärmedämmung, Biokunststoffe, Fotovoltaik,
Leichtbau und Luftreinhaltung. Es ist bezeichnend, dass
vor allem Familienunternehmerinnen und -unterneh-
mer hier aus einer gesellschaftlichen Perspektive heraus
denken und sich in der Verantwortung sehen.[81] Ein Grund
dafür dürfte sein, dass dieses Thema sozusagen genuiner
Teil eines Familienunternehmens ist: Wer sein Unternehmen in die Hände der nächsten Generation geben will,
muss sich auch um die Welt sorgen, in der diese Generation leben und bestehen muss. Familienunternehmen sind
nachhaltig, weil sie in Generationen denken, und sie sind
nachhaltig, weil sie eben deshalb immer auch überlegen, ob ihr Unternehmen nachhaltig funktioniert. Ihnen
wird eine gewisse Trägheit vorgeworfen, bei dem Thema

80 Cornelia Knust: Technologieatlas Nachhaltigkeit: Familienunter-
    nehmen prägen die wichtigsten Umwelttechnologien, in: famili-
    enunternehmen.de, 06.05.2021. Auch online einsehbar.
81 Hier und im Folgenden: Marcel Hülsbeck/Andreas Hack/Maike
    Gerken/Robin-Alexander Ernst: Nachhaltigkeit in Familienunter-
    nehmen. Kostenfaktor, Innovationstreiber oder unternehmeri-
    sche Verantwortung?, Witten 2020.

»Nachhaltigkeit« legen sie hingegen ein ganz anderes Tempo vor. Wo in der Öffentlichkeit, der Gesellschaft, der Politik erst jetzt der Fokus vermehrt auf Umwelt und Klima gelegt wird, setzen Familienunternehmen sich nicht nur damit auseinander, durch schnelle Entscheidungsprozesse können sie Umweltstandards auch kurzfristig und effizient im eigenen Unternehmen umsetzen.

> »Die Demokratie schafft Regeln, sie setzt diese Regeln aber auch langsamer um, als es ein Unternehmen für sich kann. Unternehmen können die Leitplanken einer Gesellschaft zu ihren eigenen Regeln machen und sofort umsetzen. Das betrifft Lieferantenvorgaben, Umweltstandards, eine Nachhaltigkeitsagenda usw. Wir können mit gutem Beispiel vorangehen. Und wenn wir mit gutem Beispiel vorangehen, dann können wir die Erwartung haben, dass eines Tages diese Dinge für viele Menschen auf der Welt gelten. Auf diese Weise entwickeln wir die Menschheit zu etwas Besserem.«
>
> **> ARNDT KIRCHHOFF**

Dass besonders die gegenwärtige Generation kritisch auf die Nachhaltigkeitsagenda der Familienunternehmen blickt, zeigt eine Studie der *Pwc*.[82] Ihr zufolge kämpfen Familienunternehmen mit einem Imageverlust. Die Generation Z, also die 18- bis 29-Jährigen, beurteilt »auch die Innovationskraft von Familienunternehmen, ihre

---

82 https://www.pwc.de/image-familienunternehmen; https://www.pwc.de/de/mittelstand/pwc-image-deutscher-familienunternehmen.pdf (21.07.2021).

Nachhaltigkeit und ihr gesellschaftliches Engagement sowie ihre Resilienz kritischer.« Obwohl Familienunternehmen im Bundesdurchschnitt positiv gesehen und für ihre Nachhaltigkeit und gesellschaftliche Verantwortung geschätzt werden, werden sie vor allem unter den Jüngeren für eher traditionell und damit wenig zeitgemäß gehalten. Diese Mutmaßung stimmt nur zum Teil, so unterscheidet eine Studie des *WIFU*[83] vier strategische Umgangsweisen bzw. Entwicklungsstufen von Familienunternehmern bei dem Thema Nachhaltigkeit: den nachhaltigen Traditionalisten (engagiert sich mehrheitlich aufgrund von Druck von außen), den altruistischen Profitmaximierer (engagiert sich, weil er sich als Teil der Gesellschaft versteht und Verantwortung übernimmt), den traditionellen Profitmaximierer (engagiert sich aus Kostengründen ungerne und achtet wenig auf Impulse von außen) und den unentschiedenen Altruisten (engagiert sich eher weniger, weil er sich keine Vorteile verspricht und eher wenig Handlungsdruck verspürt). Es wäre also ein Fehler, hier alle Familienunternehmer über einen Kamm zu scheren. Die Vielzahl der Familienunternehmerinnen und -unternehmer ist nachhaltig aus Überzeugung, und weil es ihnen ihr nachhaltiges Denken, also ein Denken in Generationen, bereits vorschreibt. Zudem sollte man immer im Blick behalten, dass Nachhaltigkeit in der Regel nicht einfach eine Entscheidung ist, die ein Fami-

---

83 Marcel Hülsbeck/Andreas Hack/Maike Gerken/Robin-Alexander Ernst: Nachhaltigkeit in Familienunternehmen. Kostenfaktor, Innovationstreiber oder unternehmerische Verantwortung?, Witten 2020, S. 11, S. 40 ff.

lienunternehmen für sich trifft. Wie ein Familienunternehmen gepolt ist, ist von vielen Faktoren abhängig, u. a. von der Bedeutung des eigenen Unternehmens für die Familie, dem Einfluss der Familienmitglieder als auch gesellschaftlichem Druck, eigenen Ressourcen, der finanziellen Leistungsfähigkeit und dem Unternehmensimage. Ob ein Unternehmen dem Zeitgeist entsprechend wahrgenommen wird, ist letztendlich kein Indiz dafür, wie nachhaltig es geführt wird. Auch Tradition kann nachhaltig sein, im Fall der Familienunternehmen ist sie es sogar in einem besonderen Maße. Klar ist, dass die nächste Generation an Unternehmerinnen und Unternehmern sowie Mitarbeiterinnen und Mitarbeitern ein besonders kritisches Auge auf den Umgang der Familienunternehmen mit dem Thema Nachhaltigkeit haben wird. »Digitalisierung«, »Diversität« und »Nachhaltigkeit« – wie offen Familienunternehmen mit diesen Entwicklungen und Themen umgehen, wird nicht nur maßgeblich entscheiden, wie attraktiv jene Unternehmen für eine folgende Generation sind, sondern auch ihre Überlebensfähigkeit bestimmen.

»Verfall einer Familie«:
Von Neidgesellschaften und dem bösen Unternehmer

Die wohl bekannteste Kritik eines Familienunternehmens wurde 1901 von Thomas Mann publiziert. Nach anfänglichen Bedenken, ob dieses dicke Buch die damalige Gesellschaft auch würde begeistern können, wurde es zum Bestseller, der über Generationen gelesen wurde und es heute noch wird. Der Untertitel des Buches verweist auf das, wovor sich ein jedes Familienunternehmen fürchten muss: den »Verfall der Familie«. Porträtiert wird eine Unternehmerfamilie in Lübeck – und jeder, der damals diesen Roman gelesen hatte, wusste, welche Familie gemeint war. Thomas Mann entstammte selbst einer Unternehmerfamilie, Vorlage waren die eigenen Verwandten: 1790 hatte die Familie Mann mit der Firma »Johann Siegmund Mann, Commissions- und Speditionsgeschäft« in Lübeck Fuß gefasst. Johann Siegmund, Thomas Manns

Urgroßvater, wurde zum Vorbild für den bedachten Gründervater der Buddenbrooks. Der gewissenhafte, aber sich verkalkulierende Firmennachfolger, Thomas Buddenbrook, ist Manns Vater nachempfunden. Der zweitgeborene, hypochondrische wie verschwenderische Sohn, Christian, beruht auf Manns Onkel Friedrich und Tony Buddenbrook gleicht verdächtig Manns Tante Elisabeth, einer resoluten Kaufmannsgattin, deren erster Mann infolge der Weltwirtschaftskrise 1857 Konkurs machte. Ihr zweiter Ehegatte versuchte sich unter anderem im Eisenwaren- und Weinhandel, er war zeitlebens abhängig von Krediten der Familie Mann. Die Geschichte der Buddenbrooks ist sehr nah am Leben einer Unternehmerfamilie geschrieben und sie brachte Thomas Mann nicht den besten Ruf in Lübeck ein. Die dargestellten Personen mussten sich gewissermaßen verraten gefühlt haben. Nie gab es einen detaillierteren Bericht aus einem Familienunternehmen. Deshalb ist die Geschichte der Buddenbrooks auch heute noch so interessant. Einige Familienunternehmerinnen und -unternehmer nehmen dieses Buch sogar als Mahnmal in die Hand, denn es zeigt eine ganze Bandbreite von Problemen, die im Laufe der Zeit und von Generation zu Generation bei Familienunternehmen aufgetreten waren: der Tod des Firmengründers, die schwierige und dann doch plötzlich kommende Entscheidung der Nachfolge, Bruderzwist, die Rolle der Töchter und Ehefrauen, der Konflikt zwischen der Verantwortung für die Firma und individueller Freiheit, die Konkurrenz zu anderen Familienunternehmen unter einem Innovationsdruck und schließlich das Fehlen einer nächsten Generation. Die Buddenbrooks sind damit ein

Referenzmodell für eine jede Unternehmerfamilie und sie sind nur der Auftakt einer ganzen Reihe von literarischen wie filmischen Auseinandersetzungen mit dem Phänomen Familienunternehmen.

> »Das Geniale an diesem Buch ist, dass dort eigentlich die Kernpunkte angesprochen werden, die Familienunternehmen diskutabel machen. Das Buch mag über hundert Jahre alt sein, trotzdem hat es noch heute einen enormen Erkenntniswert. Die Nachfolgerinnen und Nachfolger im Familienunternehmen, die NextGens, sollten das Buch lesen. Denn in dem Buch werden die schlimmsten Dinge, die in einer Unternehmerfamilie schiefgehen können, erzählt.«
>
> **> TOM A. RÜSEN**

Aber wie viel Wahrheit steckt im Roman von Thomas Mann? In Bezug auf die Schwierigkeit der Nachfolge hat sich das literarische Narrativ der Buddenbrooks sogar in der Fachsprache etabliert: Heute spricht man vom Buddenbrooks-Syndrom, wenn die Nachfolge im Familienunternehmen scheitert: »Der Vater erstellt's, der Sohn erhält's, dem Enkel zerfällt's.« Dabei ist das keine Erkenntnis, die sich nur auf deutsche Familienunternehmen übertragen lässt. In vielen Kulturen gibt es ein Sprichwort dieser Art und diese Weisheit lässt sich auch mit Zahlen belegen: Nur etwa 15 Prozent der Familienunternehmen schaffen es in die vierte Generation. Das bedeutet, dass 85 Prozent verkauft werden oder nicht weiter existieren. Oberflächlich gesehen scheitern sie am Markt, weil sie nicht mehr wettbewerbsfähig sind. Im Kern aber zerbre-

chen sie an Familiendynamiken, weil sowohl die Familienlogik als auch die Eigentums- und Unternehmenslogik
erhebliche Herausforderungen mit sich bringen. Das
heißt, jedes Familienunternehmen muss sich beständig
fragen, wie weit es von den Buddenbrooks entfernt ist.

Sich fragen, wie zukunftsfähig die eigene Unternehmerfamilie aufgestellt ist, bedeutet nichts anderes als
beständige Reflexion. Dieser Moment der Selbstreflexion
wird bereits bei den Buddenbrooks angesprochen, nämlich dann, wenn der Vater, die Tochter oder schließlich
auch der Enkel das Familienbuch aufschlagen. Das Familienbuch ist das, was man heute vermutlich Familienchronik nennen würde. Dabei kommt man nicht umhin,
sich zwei Fragen zu stellen: Erstens, warum entscheidet
man sich als Unternehmerfamilie, eine Familienchronik
zu schreiben oder in Auftrag zu geben, und, zweitens, was
sind die Reflexionsmöglichkeiten einer Unternehmerfamilie?

»Mit einer Familienchronik konnte eine Unternehmerfamilie
strukturiert auf sich als Familiensystem schauen. In der Vergangenheit war das bei Familien nicht üblich, weil Familien
eben Systeme sind, die existieren, aber nicht reflektieren.
Dagegen muss man im Unternehmen ständig reflektieren,
über die richtigen Kunden, die richtigen Märkte usw. Die
Konsequenz ist, dass Familienunternemen erst dann an-
fingen, über die Familie nachzudenken, wenn ein Jubiläum
den Anstoß gab. Erst dann kam die Familie zusammen – und
mit ihr Fotos, Briefe sowie all die verschollen geglaubten
Zeugnisse und Quellen der Familiengeschichte – und
begann, die Familiengeschichte aufzuarbeiten und sich

darüber im Klaren zu werden, was die Familie und das Unternehmen auszeichnet, was die eigene Geschichte bedeutet und wie eine mögliche Zukunft aussehen mag.«

> **TOM A. RÜSEN**

Die Selbstreflexion durch die Unternehmerfamilie ist ein relativ neues Phänomen. Besonders in den letzten 50 Jahren wurde die Erstellung einer Familienchronik zu einem Trend. Dabei übernimmt diese besondere Form des Buches eine fundamentale Funktion. Sie hat den Sinn und Zweck, der Familie die alles entscheidende Frage zu beantworten, wer sie eigentlich ist. Auf der Suche nach den Spuren der Vorfahren, durch Ahnenforschung, durch eine gemeinsame Geschichte kann eine Bindung zwischen den Familienmitgliedern aufgebaut werden. Man fühlt sich verbunden, weil man gemeinsame Vorfahren und -bilder hat, auf die man sich berufen kann. Das ist wichtig, weil eben diese Bindung in Familien zunehmend abnimmt. Die Gründe hierfür liegen aber nicht einfach in einem modernen Lebensstil, der weg vom Mehrgenerationenhaus führt, wie man es früher noch kannte. Die Bindung nimmt ab, je größer und umfassender die Familie wird. Das ist ein Phänomen, das jede Familie kennt. Gibt es sehr viele Kinder, Onkel, Tanten und Neffen, so werden die Äste des Familienbaums immer länger und verzweigter und damit auch die Entfernung zwischen den Familienmitgliedern größer. Wo bei jeder anderen Familie ein Geburtstag, eine Hochzeit oder die Geburt eines neuen Familienmitgliedes zum Anlass für das so selten gewordene Wiedersehen reichen mag, müssen sich Familienunternehmen umso mehr bemühen, diese vielen verschiedenen Familienmitglieder zusammenzuhalten, um eben auch das Unternehmen zu erhalten. Denn wenn sich der Familienstamm und seine Nebenäste nicht mehr einig sind, können sie auch nicht mehr für die gemeinsame Idee des Unternehmens einstehen. Das bedeutet auch, dass Familienunternehmen oft künstlich dafür sorgen müssen, dass dieser Familienverbund, der immer weiter auseinanderdriftet, zusammenbleibt. Sich selbst zum Thema zu machen ist dabei eine hohe Form von Bindungskommunikation.

»Ich kenne hier ganz viele Arten von Chroniken, die in der Regel zu 100- oder 125-Jahr-Feiern erschienen sind – auch bei uns war das so. Nach 225 Jahren sind wir dazu übergegangen, diese Geschichte – unsere Geschichte – alle fünf Jahre weiterzuschreiben, allerdings in Heftform. Man schreibt das nicht nur für die Familie, wir machen das auch für die Mitarbeiterinnen und Mitarbeiter. Dieses Weiterschreiben gibt uns die Möglichkeit, zu informieren, aber auch eine Plattform für Diskussionen zu geben. Dort sprechen wir über die aktuellen Themen, über Nachhaltigkeit und Transformation, über Familie, familienfremde Geschäftsführer und deren Rolle in unserem Unternehmen. Da sind im Grunde die aktuellen Themen alle aufbereitet und für alle zugänglich.«

ARNDT KIRCHHOFF <

Wo viele Familien versuchen, durch eine Familienchronik wieder zusammenzufinden und sozusagen die Strukturen im Inneren der Unternehmerfamilien zu stärken, werden Chroniken auch oft eingesetzt, um das Familienbild nach außen zu vermitteln. Familienunternehmen müssen sich mit ihrer eigenen Geschichte auseinandersetzen, sie müssen dies jedoch auch immer vor einem gesellschaftlichen Hintergrund. Denn die Geschichte des Familienunternehmens hatte und hat auch immer Einfluss auf die Geschichte einer Region und ihre Menschen. Familienchroniken sind hier ein Instrument zur Aufarbeitung der eigenen Geschichte, gerade im Kontext des Nationalsozialismus und möglicher Verbrechen, die in dieser Zeit begangen wurden. Die Reflexion der eigenen Geschichte bietet die Möglichkeit, Verantwortung für die Vergangenheit zu übernehmen und das auch nach außen zu kommunizieren. Meistens ist es gerade die nächste Generation, die eine solche aktive Aufklärung einfordert und sich dann auch in der Verantwortung sieht.

Die Kernfrage, die man sich stellen muss, lautet: Warum kennt jeder die Buddenbrooks, eine Verfallsgeschichte von Familienunternehmertum, warum werden die »Unternehmer« als die Bösen inszeniert, aber warum kennt kaum einer eine Erfolgsgeschichte? Warum gibt es keine Abenteuer des Odysseus, nur eben nicht aus dem antiken Griechenland, sondern aus dem modernen Deutschland mit den Familienunternehmerinnen und -unternehmern von heute? Die Realität ist eine andere, Literatur, Filme, Serien, sie alle inszenieren viel lieber den »bösen« Unternehmer als veritable Figuren: »In mehr als 1000 ›Tatort‹-Krimis stellt die Berufsgruppe der Unternehmer und Selbstständigen die meisten Mörder.«[84]

---

84 »Tatort«-Mörder sind meist Unternehmer (ohne Verfasser), in: Handelsblatt, 08.06.2017.

»Wenn in den Zeitungen über Familienunternehmerinnen
und -unternehmer berichtet wird, dann wird in der Regel
ein sehr positives Bild beschrieben. Nur eben in den
Filmen, da ist der ›Unternehmer‹ immer schlecht dargestellt. Das muss so sein, allein schon, um einen Span-
nungsbogen zu schaffen. Aber selbst, wenn wir da die
Buh-Männer sind, die man beneiden muss, die ein Riesen-
haus haben und viel zu viel Geld, der Realität entspricht
das meines Erachtens überhaupt nicht.«

ARNDT KIRCHHOFF <

Der Grund liegt in einer gesellschaftlich ambivalen-
ten Haltung: Regionalpolitisch sind Familienunternehmen hoch im Kurs, landes- und bundespolitisch jedoch
nicht. Wenn man die deutsche Gesellschaft mit Gesell-
schaften vergleicht, die eine jüngere Historie haben,
beispielsweise Australien oder die USA, dann werden
dort Menschen, die sich selbst ein Vermögen aufgebaut
haben, eher bewundert – vom Tellerwäscher zum Millio-
när, heißt es so schön. Hier sieht man also positiv auf all
jene, die es verstanden haben, in ihrer Generation mit ihren Möglichkeiten etwas zu erschaffen. Warum ist das in
Deutschland anders? Einige nennen einen denkbar einfachen Grund: Während der »amerikanische Unternehmer« »selfmade« ist, haben deutsche Familienunternehmerinnen und -unternehmer in der Mehrheit ihr Vermögen nicht erarbeitet, sondern vererbt bekommen. Hier
findet die weitverbreitete Kritik Nahrung, der zufolge die
Familienunternehmerin oder der Familienunternehmer
mehr verdient, als sie oder er arbeitet – und mit ihr auch
ein gewisser Neid und der Drang, den Vermögenden das

Vermögen wegzunehmen, ohne einmal genauer hinzuse-
hen.

> »Warum gibt es eigentlich keine Stimme in der Gemein-
> schaft, die sagt: Cool, dass sie da sind, die Familienun-
> ternehmen! Warum kann man das nicht sagen: Ich bin
> glücklich, in Deutschland großgeworden zu sein, ich bin
> stolz auf Goethe, Schiller, Porsche, Mercedes und die
> Familienunternehmen! Wir müssen doch mal sehen,
> was die Wirtschaft in Deutschland wirklich trägt, woher
> das Wachstum, woher die Wertschöpfung und die ge-
> sellschaftliche Stabilität zwischen Arbeitnehmern und
> Arbeitgebern kommt.«
>
> **> TOM A. RÜSEN**

Wenn man in die Seele einer Gesellschaft blicken
will, um zu verstehen, warum sie so »tickt« wie sie eben
»tickt«, muss man sich auch ihre Geschichte ansehen.
In Deutschland war die Gesellschaft über viele Jahrhunderte durch ein Ständesystem strukturiert, in dem alles
vorgegeben war. Bis ins 18. Jahrhundert galt: Ob man Ade-
liger, Bürger oder Bauer war, entschied sich mit der Geburt. Innerhalb der Stände galten wiederum bestimmte
Regeln – was man arbeitete, was man verdiente und abge-
ben musste, wie man lebte, wurde – meist von dem hier-
archisch höchsten Stand, dem Adel, den Königen und den
Fürsten – festgelegt, ohne dass man wesentlichen Einfluss
darauf nehmen konnte. Nur selten gelang es jemandem,
sich aus seinem Stand zu befreien. Der »soziale Aufstieg«,
wie wir ihn heute kennen, war damals nicht nur unwahr-
scheinlich, er war nahezu unmöglich. Erst im frühen

19. Jahrhundert ändert sich hier etwas grundlegend. Wer man war, wurde von nun an nicht mehr durch Geburt bestimmt, sondern dadurch, welchen Beruf man hatte – nicht der Stand, sondern die Klasse war nun entscheidend. Der Adel wurde zunehmend von den großbürgerlichen Industriellen abgelöst. Während jedoch der Fabrikbesitzer immer reicher wurde, wurden die Fabrikarbeiter immer ärmer. So arbeiteten im späten 19. Jahrhundert »neun von zehn Erwerbstätigen als Arbeiter, Angestellte oder Beamte«.[85] Die »soziale Frage« führte zu immer größerem Unmut und die Gesellschaft spaltete sich zunehmend in »Arm« und »Reich«. Hier fand das negativ konnotierte Bild des »Unternehmers« seinen Ursprung.

»Wo früher ›das Volk‹ gegen ›die bösen Adeligen‹ rebellierte, standen nun die Vermögenden gegen die Nicht-Vermögenden – und diese Grundhaltung scheint sich bis heute nicht geändert zu haben. Insbesondere wenn das Vermögen über mehrere Generationen akkumuliert worden ist, kommt diese althergebrachte Neidgesellschaft in Form einer kritischen Perspektive auf das Kapital bzw. auf diejenigen, die das Kapital halten, wieder zum Vorschein.«

TOM A. RÜSEN <

Auch Thomas Mann mag von diesem Bild beeinflusst gewesen sein, jedoch zeigt sich in seiner Figurenzeichnung, dass nicht einfach nur ein schlechtes Bild des Fami-

---

85   Stefan Hradil: Historische Entwicklung, in: Bundeszentrale für politische Bildung (Hg.): Deutsche Verhältnisse. Eine Sozialkunde, 31.05.2012.

lienunternehmers vorherrscht, sie zeigt, dass sich dieses Bild mit der Zeit ändert: Während der Gründervater und Patriarch der Firma eine angesehene und bedachte Figur darstellt, ist die nächste Generation gespalten: Der älteste und für die Nachfolgerrolle prädestinierte Sohn Thomas folgt dem Vater, er versucht sich mit den Gegebenheiten und den Menschen zu arrangieren. Er sucht die Mitte zwischen der gehobenen Gesellschaft und dem bürgerlichen Dasein, was sich letztendlich auch in seinen Beziehungen zu den Frauen (aus den verschiedenen Klassen) widerspiegelt. Sein Bruder hingegen stellt seinen Reichtum aus und zieht so die Missgunst der armen Städter um das Haus in der Mengstraße 4 auf sich, letztendlich macht er sich mit seiner Faulheit auch bei den fleißigen Mitarbeitern der Firma unbeliebt. Anders gesagt, Thomas Mann bringt die zwiespältige Meinung der deutschen Gesellschaft über den »Unternehmer« auf den Punkt. Es gab immer eine gewisse Bewunderung für die großen Familiendynastien, für die Krupps, für die Familie Siemens usf., gleichzeitig herrscht ein tiefes Misstrauen gegenüber diesen Familien und ihren Machenschaften.

> »Der Unternehmer ist so angreifbar, weil er das Kapital zum Anfassen repräsentiert. Bei einer anonymen Publikumsgesellschaft gibt es Vorstände, über die man sich aufregen kann. Aber einerseits sind die Vorstände meistens so weit weg von der normalen Arbeitnehmerin bzw. dem normalen Arbeitnehmer, dass diese oder dieser jenen nie zu Gesicht bekommen (sozusagen live erleben) wird; andererseits ist der Vorstand fluktuierend, das heißt, die Unternehmensführung ist eine anonyme, amorphe Masse,

die von Hedgefonds-Managern getrieben wird und sich
andauernd verändert. In einem Familienunternehmen
aber sind die Führungskräfte 20 Jahre oder länger da,
sodass die Belegschaft einen personalisierten Blick auf
die Chefetage entwickeln kann.«

TOM A. RÜSEN <

Auch in anderen Ländern hat das schlechte Image des »Unternehmers« mit einem gesamtgesellschaftlichen Kontext zu tun. In Polen gilt er als »der Böse«, als Kapitalist, der sich in einem sozialistisch geprägten Land bereichert hat. Wer dort Nachfolger eines Familienunternehmens ist, muss sich selbst im eigenen Freundeskreis rechtfertigen. Das bedeutet, dass die Bereitschaft, in die Nachfolge zu gehen, in Polen sehr, sehr gering ist – aufgrund des sozialen Klimas. Das negative Bild des »Unternehmers« wirkt sich auch auf die Nachfolgesituation der Familienunternehmen in Deutschland aus. Laut einer Studie[86] der staatlichen Förderbank gibt es rund drei Millionen Familienunternehmen in Deutschland, viele schon seit hundert Jahren. In den kommenden zwei Jahren planen 152 000 Inhaber kleiner und mittlerer Firmen, das Unternehmen in die Hände eines Nachfolgers zu legen, aber weniger als jede bzw. jeder Zweite glaubt, diesen in der eigenen Familie zu finden. Allerdings muss man hier genauer hinsehen. Die Zahl der Nachfolgen sind

---

86 Michael Schwartz: Nachfolge-Monitoring Mittelstand: Entlastung bei Nachfolgen auch dank mehr Übernahmen – Externe Investoren gesucht, in: KfW Research, 09.12.2019.

zwar richtig, allerdings sind hier alle Unternehmensgrößen und -klassen berücksichtigt, also die Eisdiele um die Ecke genauso wie der Malermeister, der Kfz-Betrieb oder der mittelständische Autozulieferer. Wo es keinen Nachfolger gibt, sind Arbeitsplätze bedroht und Geschäftsaufgaben das Resultat. Das betrifft oftmals Klein- und Kleinstunternehmen wie Handwerksbetriebe, bei denen die Kinder einfach nicht ins Handwerk wollen, weil das Handwerk als Unternehmensform und als Berufsgruppe unattraktiv geworden ist. Das ist die Mehrzahl dieser genannten 50 Prozent ohne Nachfolgerinnen und Nachfolger. Bei den restlichen Familienunternehmen vollzieht sich gerade ein signifikanter Wandel von der operativ tätigen Familie zur aktiven Eigentümerfamilie. Wenn man hier Deutschland mit dem Ausland und mit anderen Wirtschaftsräumen vergleicht, dann ist die Anzahl der noch operativ ins Geschäft gehenden Nachfolger hierzulande deutlich größer, aber das ändert sich gerade – und das mag auch mit dem gesellschaftlich geprägten Bild des »bösen Unternehmers« zu tun haben.

»Diesen Druck, ja diese Diskussion erlebe ich auf jedem Familientag. Wenn ich die nächste Generation frage, was sie wirklich bewegt, und der Familienpatriarch mal nicht dabei ist, dann wird oft deutlich, dass dieses negative Bild auch oft von der Nachfolge abschreckt. Wenn die Gesellschaft sagen würde: ›Wir sind stolz auf euch‹, dann wären diese Fragen nicht da oder sie würden anders thematisiert werden. Aber das ist nun einmal nicht der Fall, und wenn wir keine Vorbilder zeigen, wenn unsere Vorbilder sich verstecken oder verstecken müssen oder gar nicht wissen, *dass sie Vorbilder sind, ja, wer soll denn dann dem fehlenden Vorbild nachfolgen?«*

TOM A. RÜSEN   <

Dass selbst die Unternehmen sich vor der Nachfolge zu fürchten scheinen und das Unternehmensvermögen in Stiftungen sichern, scheint das Bild des Unternehmensnachfolgers, der nicht operativ tätig wird, aber durchaus die Vorzüge eines Gesellschafterdaseins auskostet, nur zu befeuern. Realität ist: Die wenigsten werden sich – wie es ein SPD-Plakat 2019 zeigte[87] – auf einer Palmeninsel niederlassen. Die Mehrheit wird ein Start-up gründen oder anders unternehmerisch tätig werden, gemeinnützig aktiv werden oder sich anderweitig engagieren. Aber das Bild bleibt; zumindest in der Gesellschaft, in der Presse, in den Filmen: Sie propagieren weiterhin das Image des »schlechten Unternehmers«. Die Bereitschaft zur Nachfolge nimmt ab, weil sich die nächste Generation immer wieder fragt, warum sie sich für eine Gesellschaft aufarbeiten soll, die ihnen sagt, dass sie schlecht und böse ist, warum man sich also für eine Gesellschaft einsetzen soll, die den Unternehmer im bundesweit ausgestrahlten Tatort[88] als Killer oder als korrupten Kapitalisten darstellt.

87   Christian Rothenberg: »Das ist absolut niveaulos« – Ärger über Liegestuhl-Illustration der SPD, in: Handelsblatt, 23.08.2019.

88   »Er schläft mit Opfern, ist in dubiose Finanzgeschäfte verwickelt und tötet alle, die Lunte riechen: Der Unternehmer kommt im ›Tatort‹ schlecht weg«, titelte das Handelsblatt 2015, vgl. Hans Hoff: Am Ende ist der Unternehmer der Bösewicht, in: Handelsblatt, 1.4.2013.

Anfangen, sich selbst zu führen: (Un-)Sichtbare Familienunternehmer

Theo Albrecht galt als »Inbegriff des typischen Deutschen: Sparsam, bescheiden, fleißig.«[89] Die beiden Aldibrüder waren dem deutschen Bundesbürger weitestgehend unbekannt. Von Theo Albrecht gibt es angeblich nur ein einziges Foto: Als der im November 1971 entführte Unternehmer nach der 17 Tage andauernden Entführung endlich freikommt, wird er mit einem Händewinken fotografiert. Anlässlich seines Todes im Jahr 2010 resümiert man: »Als Unternehmer war er äußerst erfolgreich. Wie er als Mensch war, können nur wenige sagen.«[90] Auch

89 Lothar Schnitzler: Aldi-Mitgründer war Deutschlands reichster Knauserer, in: WirtschaftsWoche, 28.07.2010.
90 Sebastian Heise: Der Milliardär im Schatten, in: Focus Money Online, 15.11.2013.

//////////

andere Unternehmer bleiben unsichtbar, manchmal werden sie sogar zu einem Mythos – den Lidl-Gründer Dieter Schwarz etwa mag niemand je gesehen haben. Hier handelt es sich zwar um Extrembeispiele, aber es ist kein Geheimnis, dass Familienunternehmerinnen und -unternehmer gerne im Hintergrund bleiben – und gerade das schafft Raum für Spekulationen und Projektionen.

»Die Familienunternehmerinnen und -unternehmer müssen jetzt aus ihrem Schattendasein heraustreten und sich klar positionieren. Selbst wenn das bedeutet, dass sie von nun an mehr auf sich aufmerksam machen müssen. Das ist meiner Meinung nach jetzt gefordert, weil wir eine Gesellschaft bekommen haben, die hoch emotionalisiert ist. Es braucht Initiativen, weil man sonst das Denken und das Wahrnehmen und das Beurteilen einfach den Medien überlässt, die Familienunternehmertum aus den jetzt hier genannten Gründen strukturell verteufeln. Familienunternehmertum, und dabei bleibe ich, ist die älteste, nachhaltigste Form von Wirtschaften und wir sind gerade dabei, das, was uns in Deutschland trägt, kaputtzumachen.«

TOM A. RÜSEN <

Es macht den Eindruck, dass die Bedeutsamkeit von Familienunternehmen, ihr Stellenwert in der deutschen Wirtschaft von der politischen Elite wenig wahrgenommen wird. Als Peter Altmaier im Frühjahr 2019 seine »Nationale Industriestrategie« vorstellte, fehlten die Familienunternehmen gänzlich. Von »europäischen Champions« war die Rede, von Großunternehmen. Kleine und mittelgroße Betriebe hatte er nicht im Blick, obwohl diese die Mehrheit der deutschen (Familien-)Unternehmen ausmachen.[91] Zu Recht beklagt gerade die nächste Generation an Familienunternehmerinnen und -unternehmern, dass Unternehmertum als unnötiges Wagnis charakterisiert wird. Statt den Mut zum Unternehmertum zu fördern, werde das Angestelltsein als der richtige Weg bestärkt.[92] Vor 20 Jahren dachte noch jeder Zweite an Selbstständigkeit oder Unternehmertum, heute hat sich diese Zahl halbiert, lediglich jeder Vierte denkt überhaupt darüber nach.[93] Schon längst steuern die Politiker die Gesellschaft nicht mehr, sondern sie sind repräsentativ für ein Denken, und im Speziellen auch für ein Denken über Unternehmen oder über Unternehmer, was sich auch in unserem Bildungssystem widerspiegelt. Unternehmertum steht nicht auf dem Lehrplan der Schulen, obwohl Familienunternehmertum als Kern unserer Wirtschaftsordnung verstanden werden kann. Junge Menschen müssen nicht nur von dieser Idee begeistert werden, es muss überhaupt erst einmal der Kontakt zu dieser Form des Wirtschaftens hergestellt werden. Das Berufsbild des Unternehmers ist und bleibt für die meisten von ihnen ein Mythos, der in Deutschland abseits von »Handelsblatt«

91 Bernhard Junginger: Wie Altmaier den Mittelstand zurückgewinnen will, in: Augsburger Allgemeine, 28.06.2019.
92 Hier und im Folgenden: Podcast »Sarna Röser – Wir brauchen Haltung«, https://www.kienbaum.com/de/podcast/pioniere-wie-wir/ (31.07.2021).
93 11. ZEIT Wirtschaftsforum 2019 – Kevin Kühnert und Sarna Röser (Die jungen Unternehmer) im Gespräch. Online unter: https://www.youtube.com/watch?v=2RNB6ZX9WgU (31.07.2021).

und »Wirtschaftswoche« eher negativ behaftet ist. Anders gesagt: Deutsches Unternehmertum scheint selbstverständlich und unsichtbar geworden zu sein.

»Unternehmertum per se ist in Deutschland nicht zwangsläufig negativ. Aber so ein bisschen skeptisch, argwöhnisch betrachtet wird es schon. Es fehlt an wirklich starker Ermunterung. Wer sind zum Beispiel unsere Elon Musks? Im Hinblick auf das Thema Scheitern ist man bei uns schnell stigmatisiert. Und ich glaube, das überträgt sich hier schon, wenn dann noch Reichtum und Neid dazukommen. Selbst als ein Teil davon, sehe ich die Vorzüge und erlebe auch, dass es gar nicht negativ besprochen ist, aber es geht jetzt auch nicht wirklich mit Jubel einher. Ich habe hier ehrlicherweise ein ambivalentes Bild.«

FABIAN KIENBAUM <

Deutsche Unternehmerinnen und Unternehmer werden vor allem auf politischer Ebene kritisiert. Sarna Röser, u. a. seit 2018 Bundesvorsitzende des Verbands *Die Jungen Unternehmer* [94], spricht sogar von einem regelrechten »Bashing«[95]. Dabei wären die Unternehmen, sprich die Wirtschaft, gerade starke Partner in einem Kampf für mehr Klimaschutz, für Umwelt und Nachhaltigkeit. Vor allem mutige Entscheidungen, wie sie etwa ein Krisenmanagement fordert, unterscheide Unternehmen von

---

94 https://www.junge-unternehmer.eu (23.07.2021).
95 https://www.mit-bund.de/content/interview-mit-jung-unternehmerin-sarna-roeser-der-staat-kann-es-nicht (23.07.2021).

der Politik. Nicht nur ein solches öffentliches »Bashing«, sondern auch damit verbundene Rechtsformen und damit einhergehende Themen wie Besteuerung führen dazu, dass die Bereitschaft immer kleiner wird, ein Familienunternehmen weiterzuführen. Vor einer Generation war das noch anders. Da gab es auch in der Politik andere Stimmen, andere Haltungen. Neben einem Teil der nicht operativen Töchter und Söhne, die immer wieder für dekadente Schlagzeilen sorgen, gibt es Jungunternehmerinnen und -unternehmer, die das schaffen, was Familienunternehmen in Deutschland gerade dringend brauchen: Sichtbarkeit! Die nächste Generation versucht das schlechte Image des deutschen Unternehmers zu ändern, der Wirtschaft eine starke, junge Stimme zu geben und sich aktiv an der Gestaltung der öffentlichen Gesellschaft und ihren Debatten zu beteiligen.

»Ich habe mal einen Versuch gestartet und bin mit einer achten Klasse zu einem lokalen Familienunternehmer gegangen. Sie haben eine Werksbesichtigung gemacht und natürlich war die erste Frage, die die Schüler dem Unternehmer gestellt haben: ›Haben Sie einen Porsche?‹ Vier Wochen später bin ich dann noch mal in den Unterricht gegangen, um herauszufinden, ob sich bei den Schülerinnen und Schülern im Denken über Unternehmertum etwas geändert hat. Und da war ein anderes Bild in dieser Klasse entstanden, zumindest bei einigen. Das heißt, das Bild von Unternehmertum per se sollte eigentlich bereits in der Schule vermittelt werden. Deshalb sind die Familienunternehmerinnen und -unternehmer aus meiner Sicht – ich habe da mehrere Anläufe gestartet – auch dazu angehalten, an den Umfeldern ihrer Standorte Patenschaften mit den Schulen zu schaffen. Denn wenn die Lehrer einen Unternehmer in der Klasse haben oder wenn die Lehrer mit ihren Schülern ein Unternehmen besuchen, dann fangen sie an, ihre Vorurteile abzubauen.«

TOM A. RÜSEN <

Diese junge, neue Generation muss sich gezwungenermaßen auch immer wieder mit der Frage auseinandersetzen, warum gerade in einem wirtschaftlich erfolgreichen Land wie Deutschland nicht nur der Gesellschaft, sondern oft auch den Familienunternehmerinnen und -unternehmern selbst gänzlich der Stolz für das eigene Tun zu fehlen scheint. Man könnte die Frage sogar noch allgemeiner formulieren: Warum sind die Deutschen eigentlich nicht stolz? Hat das mit der uns attestierten »German Angst«[96] zu tun? Mit den Altlasten einer von Weltkriegen gebeutelten Gesellschaft? Mit »Schwarzmalerei« und »Mutlosigkeit« als den »unsichtbaren Nachwirkungen von Scham, Kriegsgewalt und Leid«? Weil das sozusagen in uns drinnen steckt? Könnte das eine Erklärung sein? Warum also können die Deutschen sich selbst einfach nicht gut finden? Warum können sie nicht stolz darauf sein, dass sie eine Form von Wirtschaft haben, so eine Form von Sozialpartnerschaft, die ihre Gesellschaft maßgeblich trägt?

---

96 Vgl. hier und im Folgenden: Sabine Bode: Kriegsspuren: Die deutsche Krankheit German Angst, Stuttgart 2016.

»Das Stichwort heißt Aufklärung, Aufklärung, Aufklärung. Die Familienunternehmerinnen und -unternehmer dürfen es an dieser Stelle nicht den Anderen überlassen, sondern sie müssen eigentlich Werbung für sich selbst machen, genauso wie sie das ja auch für ihr Unternehmen, für ihr Produkt machen. Auch das schafft die Unternehmerin oder der Unternehmer nur durch Aufklärung. Sie oder er erklärt dem Kunden, dass ihr bzw. sein Produkt das beste Produkt ist und der Kunde glaubt das, kauft ein und stellt dann fest: Stimmt. Markenversprechen gehalten, jetzt kaufe ich nur noch dieses Produkt. Aber am Anfang hat der Unternehmer ja erst einmal aufgeklärt. Und so muss er jetzt nun eben auch aufklären, dass diese Form von Wirtschaftsmodell eigentlich nachhaltig ist, zukunftsfähig und eben nicht turbokapitalistisch. Dass und wie die Familienunternehmer Aufklärung betreiben, ist meiner Meinung nach für unsere Gesellschaft hochrelevant.«

> **TOM A. RÜSEN**

Gehypt werden stattdessen die Start-ups. Es ist gut, dass es diese Szene gibt, denn dadurch finden auch Innovationen statt. Doch sie hat einen entscheidenden Nachteil: Start-ups sind nicht nachhaltig. Die Gründe für ihr Scheitern fassen sie oftmals in einem »Post-mortem-Essay« zusammen: das falsche Produkt, der falsche Markt, das falsche Team und zu wenig Wachstumskapital. Sie nutzen das Scheitern zum Aufbau des nächsten Start-ups. Ist ein solches mal erfolgreich, wird es verkauft. Hier geht es um Profit, nicht um Nachhaltigkeit. Das nachhaltige Wachstum in der deutschen Wirtschaft fußt auf den Familienunternehmen, auf ihrem Steueraufkommen. In den

Unternehmerverbänden müssten Initiativen entstehen, die das bekannt machen. Aber man hält sich zurück. Die Familienunternehmerinnen und -unternehmer wollen nicht in die Öffentlichkeit, weil sie gleichzeitig immer auch als Privatperson im Rampenlicht stehen. Denn sie oder er spielt immer eine Doppelrolle, sie oder er steht für die Familie, gleichzeitig verkörpert sie oder er ein Produkt, eine Marke.

»Wenn ein Familienunternehmer oder eine Familienunternehmerin zum Beispiel in eine Talkshow geht, finden 50 Prozent das, was er oder sie sagt, gut – und 50 Prozent finden es nicht gut. Von den 50 Prozent sind aber vielleicht 20 Prozent seine oder ihre Kunden, er oder sie hat also mit seiner oder ihrer Aussage einen Großteil seiner Kunden vor den Kopf gestoßen. Und in dem Augenblick, in dem jemand die Unternehmerin oder den Unternehmer als Person nicht leiden kann, will die Kundschaft auch diesen Namen nicht mehr unterstützen und kauft das Produkt nicht mehr. Deshalb gibt es auch nur sehr wenige ›To-see-Unternehmer‹.«

TOM A. RÜSEN <

Es gibt zahlreiche Verbände, in denen sich Unternehmerinnen und Unternehmer engagieren können. Weil sich der Markt »ausdifferenziert«, werden auch die Verbände immer zahlreicher. Grundsätzlich kategorisieren lassen sich Arbeitgeberverbände, Wirtschaftsverbände sowie Industrie- und Handelskammern. Zu den »vier großen Wirtschaftsverbänden« zählen zweifellos der *Industrieverband* (BDI), die *Arbeitgeberorganisation* (BDA), der *Handwerksverband* (ZDH) und die *Industrie- und Han-*

delskammer (DIHK). Sie vertreten gemeinsame Interessen gegenüber Politik, Gewerkschaften und wirtschaftlichen Konkurrenten.[97] Zudem bereiten sie Themen für die Plenen auf und schreiben dazu auch Kommunikationspapiere; jeweils vor den Wahlen, also vor der Landtagswahl, der Bundestagswahl, der Europawahl. Die Unternehmerinnen und Unternehmer – und das schließt Familienunternehmerinnen bzw. -unternehmer wie Großunternehmerinnen bzw. -unternehmer ein – erhalten Redezettel für Gespräche mit Medien und Abgeordneten. Daneben gibt es Verbände, die nicht für die Industrie sprechen, sondern für die Unternehmer und ihren Stellenwert sowie ihre Positionen in Wirtschaft und Gesellschaft. Zu nennen wäre hier etwa der *Verband für deutsche Familienunternehmer*, der 1949 gegründet wurde. Seit 1950 gibt es den *Verband Junger Unternehmer*, der alle Unternehmerinnen und Unternehmer unter 40 Jahren umfasst. Sie bilden »die starke Stimme der jungen Unternehmer in Deutschland, beziehen klar Stellung, sind präsent in den Medien und bilden ein schlagkräftiges Netzwerk«[98], um sich für Generationengerechtigkeit einzusetzen – so schreiben sie es auf ihrer Website. Fakt ist: Sie geben 12 Landesbereichen und 47 Regionalkreisen eine gemeinsame Stimme. Daneben setzt sich die seit 2002 bestehende *Stiftung Familienunternehmen* durch Beauftragung von Studien mit dem Phänomen Familienunternehmen und seinen Struk-

97 Hier und im Folgenden: Wolfgang Schroeder: Unternehmerverbände, in: Bundeszentrale für politische Bildung (Hg.): Handwörterbuch des politischen Systems der Bundesrepublik Deutschland.

98 Hier und im Folgenden: https://www.junge-unternehmer.eu/ueber-uns.html (31.07.2021).

turen und Problemen auseinander. Als feste Institution schafft sie zudem einen Raum für den Dialog zwischen Familienunternehmen und Politik wie Gesellschaft.

Die entscheidende Frage lautet: Was kann man tun, damit das Familienunternehmertum in der Öffentlichkeit den Stellenwert einnimmt, den es eigentlich haben sollte? Dazu gehört zweifellos, dass Familienunternehmen für die Politik sichtbar werden müssen. Hoffnung macht eine neue Generation, die überall dabei ist und versucht, dagegenzuhalten. Mit gutem Beispiel geht die derzeitige Verbandspräsidentin der *Jungen Unternehmer* voran, aber sie bildet im Moment noch die absolute Ausnahme. Eigentlich müsste es viel mehr junge Unternehmerinnen und Unternehmer geben, die öffentlich auftreten und möglichst bescheiden, möglichst klar ihre Werte vermitteln und der nachfolgenden Generation ein (Vor-)Bild geben. Dass das so wenig passiert, scheint ein Zeitgeistproblem zu sein, ein Haltungsproblem.

»Hier scheint sich gerade etwas zu ändern. Es gibt jetzt mehr und mehr Literatur zu dem Thema ›Political CEO‹ und dazu, wie man die Idee der Demokratie-Teilhabe in die Unternehmensführung hineinträgt. Insgesamt wird das Thema Haltung an Bedeutsamkeit gewinnen. Man wird die vertretenen Standpunkte zukünftig auch sichtbarer und spürbarer wahrnehmen. Die Verbrüderung, Verschwesterung und die Stärkung der Stimme, gerade auch über Menschen und entsprechende Lobbyverbände, wären potente Vehikel, um der Bedeutung der Familienunternehmen mehr Gewicht zu verleihen. Außerdem würde das Thema Familienunternehmen ins kollektive und gesellschaftliche Bewusstsein getragen und mit Vorurteilen aufgeräumt werden. Denn dieses Grundbild, dieses Verständnis ›Wer erbt, hat erst mal nichts geleistet und der muss auch entsprechend besteuert werden‹ ist extrem ausgeprägt. Solche Vorstellungen beruhen auf einem großen Missverständnis und sie haben das Potenzial, das deutsche Wirtschaftssystem nachhaltig zu schädigen. Dem wollen und müssen wir uns als Familienunternehmer entschieden und lautstark entgegenstellen, indem wir die Stärken und die Bedeutung dieser Unternehmensgattung für unsere Volkswirtschaft betonen.«

> **FABIAN KIENBAUM**

Laut einer Studie des *Friedrichshafener Instituts für Familienunterneheen* (FIF) der Zeppelin Universität bewerten jüngere Befragte Familienunternehmen kritischer als ältere.[99] Kann es allerdings sein, dass die gegenwärtigen Nachfolgerinnen und Nachfolger besonders kritisch gesehen werden, dass sie sich selbst vielleicht sogar kritisch sehen? Es mag ein allgemeines Phänomen sein, dass jüngere Menschen das Establishment kritisieren. Das hat etwas mit Abnabelung, mit Pubertät zu tun. Aber es hat auch damit zu tun, dass die jüngere Generation mehr von dem Zeitgeist beeinflusst ist, als das vielleicht die ältere Generation sein mag, und deshalb etablierte ältere Modelle eher kritisch gesehen werden. Die Frage ist nur: Was nützt diese Kritik? Was ist die Antwort auf die Kritik? Gibt

---

99 Stiftung Familienunternehmen (Hg.): Deutschlands nächste Unternehmergeneration. Eine empirische Untersuchung der Werte, Einstellungen und Zukunftspläne, erstellt von Jana Hauck, Reinhard Prügl, München 2015.

es neue Modelle? Die nächste Generation versucht, kreativ zu sein, neue Arbeits- und Führungsmodelle zu etablieren oder zumindest auszuprobieren. Nichtsdestotrotz hat sie damit einen weiteren blinden Fleck des Familienunternehmertums aufgedeckt: den Blick von außen. Wo Familienunternehmer früher gerne als in sich geschlossener Kreis mit eigensinniger Perspektive agierten, setzt die neue Generation gerne auf den Blick von außen, wohl auch um gesellschaftliche Perspektiven ins Unternehmen zu holen. Sicher ist: Es wird sich auf jeden Fall etwas verändern. Denn Führungsmodelle und Führungsteams sind auch immer Ergebnisse eines Zeitgeistes.

»Ich beobachte, dass in den jetzigen Generationen tendenziell Verantwortung wahrgenommen wird und man sich in diesem Zusammenhang auch immer mehr um eine Selbstreflektion des persönlichen Beitrags kümmert: ›Wo können wir – auch im Ideal als Familie – unsere Stärken ausspielen, etwa als eine Art Botschafter oder Außenminister? Und wo können wir gleichzeitig, wenn es sich anbietet, aber die operative Exzellenz auch noch mal stärker in die Hände von Profis legen?‹ Zwangsläufig fängt man dann auch an, Geschwindigkeit, Dynamik kritisch zu prüfen: Wo kann die Familie auch im Sinne der Kontinuität ihren Beitrag leisten? Wo kann man auf der anderen Seite eben auch den schnellen Veränderungen der Geschäfte und der Geschäftsmodelle Rechnung tragen?«

FABIAN KIENBAUM <

Seit der »New-Economy-Welle« vor gut 20 Jahren setzen auch traditionelle Unternehmen auf Neuerfindungen

////////

und Neustrukturierungen, sowohl im Produktionsprozess als auch in der Unternehmensführung. Ein Trend, der sich abzeichnet, ist die Zusammenarbeit »klassischer« Traditionsunternehmen mit Start-ups. Unternehmen wie Miele setzen auf mehr Wachstumsstärke außerhalb des Kerngeschäfts und investieren in Start-ups,[100] VW etwa arbeitet mit einem Start-up wie »Wandelbot« zusammen und gründet Kreativlabore wie die »Gläserne Manufaktur« in Dresden. Mit solchen Übernahmen werden »Lücken in der Expertise« geschlossen. Für Familienunternehmen bietet sich so die Möglichkeit, »Geschäftsmodelle zukunftsfest zu machen« und dem »Innovationsdruck« standzuhalten. Zusätzlich entstehen immer mehr Innovationsplattformen, ein Beispiel ist der »Reaktor« in Berlin – das »powerhouse of innovation«[101], das Gründern im digitalen Zeitalter wachsen helfen soll.

> »In den Familienunternehmen engagiert sich jetzt eine neue Generation an vielen Stellen dafür, den Vernetzungsgedanken wirklich neu zu denken und entsprechend in das Unternehmen hineinzutragen. Da gibt es ganz viele positive Beispiele, durch die wir gerade lernen, welcher Mehrwert über Partnerschaften und Kooperationen entsteht, beispielsweise auch im Investment-Geschäft. Das ist ein Trend, bei dem in den letzten Jahren eine Lobby entstanden ist und der durch sehr viele Familienunternehmen, häufig eben auch durch nachkommende Generatio-

100 Hier und im Folgenden: Anja Müller: Miele übernimmt Mehrheit am Grill-Start-up Otto Wilde, in: Handelsblatt, 16.03.2021.
101 https://reaktor.berlin/about/ (31.07.2021).

nen, dann wirklich vertreten wird. Für viele kann das auch der Einstieg in das eigene Unternehmen sein und für nachkommende Generationen entstehen hier vielleicht sogar neue Felder, und sei es, um ein Thema für sich zu entdecken, zu bespielen und damit auch unmittelbar direkt einen Mehrwert für die Organisation zu schaffen. Da sind wir mittendrin und ich glaube, damit müssen wir uns insbesondere in Deutschland stark auseinandersetzen.«

FABIAN KIENBAUM <

2019 erscheint eine Studie der *PricewaterhouseCoopers GmbH Wirtschaftsprüfungsgesellschaft* (PwC)[102], in der etwa 1.000 Nachfolgerinnen und Nachfolger aus Familienunternehmen in Deutschland, Österreich und der Schweiz befragt wurden. 30 Prozent der Befragten sind operativ tätig, 42 Prozent sind in der Rolle eines Minderheitsgesellschafters. Die Ergebnisse der Studie unterscheiden vier Typen der NextGens: den Bewahrer, den Entrepreneur, den Intrapreneur und den Transformator. Die Mehrheit will transformieren und neue Ideen umsetzen, oft mit einem an das Traditionsunternehmen angegliederten Start-up. In Deutschland gibt es viele Fördermöglichkeiten für Jungunternehmerinnen und -unternehmer; für solche, die eine Idee haben und gerade anfangen, durch ausländische Förderer, Stipendien oder die *Kreditanstalt für Wiederaufbau* (KfW). Ab einem bestimmten Punkt wird es aber schwierig mit der Förderung. Daneben »bremsen Bürokratie und Formalien Unternehmensgründungen in Deutschland aus«.[103] So legten im August 2018 die *Jungen Unternehmer* ein Paper »für bürokratiearme Unternehmensgründungen« vor.[104]

Tatsache ist, es passiert etwas in der Gründerszene. Traditionsunternehmen werden abgelöst von einer jungen Generation mit neuen Ideen, für die Kritik kein Hindernis, sondern ein Motor ist.[105] Und man darf nicht vergessen: Sie legen jetzt den Grundstein für die zukünftige Arbeitswelt, für den Markt und für Arbeitsplätze! Doch die Firmengründung ist und bleibt schwierig, die »Gründerquote« sinkt. Bemängelt wird vor allem die fehlende Zahl an Start-Ups, die *Organisation für wirtschaftliche Zusammenarbeit und Entwicklung* (OECD) positioniert Deutschland, was »Innovationsfähigkeit« angeht, noch hinter England, die Schweiz oder Frankreich auf Platz 15 von 36. Man darf nicht vergessen, dass der Arbeitsmarkt in Deutschland gut ist. Fachkräfte werden gesucht und umworben, die wenigsten denken überhaupt über Selbstständigkeit nach. Schlagen sie doch einmal den Weg einer Unternehmensgründung ein, dann scheitern sie in der Regel an Gesellschafterstreits, Personalschwierigkeiten oder falschen Vertriebswegen. Wer also wird die »Generation der Wirtschaftswundertäter« ersetzen?

102 https://www.pwc.de/de/mittelstand/nextgensurvey.html (31.07.2021).
103 Sarna Röser in: https://www.junge-unternehmer.eu/regional-kreis-suedbaden/presse/pressemitteilungen/detail/article/mit-und-die-jungen-unternehmer-legen-vorschlaege-fuer-buerokratiearme-unternehmensgruendungen-vor.html (31.07.2021).
104 https://www.junge-unternehmer.eu/vor-ort/lb-sachsen-anhalt/presse/pressemitteilungen/detail/article/mit-und-die-jungen-unternehmer-legen-vorschlaege-fuer-buerokratiearme-unternehmensgruendungen-vor.html (zuletzt 31.07.2021).
105 Hier und im Folgenden: Alexander Demling/Anja Müller/Christian Rickens/Marina Cveljo/Angelika Ivanov: Kein Wille, keine Vision, kein Wachstum: Was die Gründerkultur in Deutschland vernichtet, in: Handelsblatt, 19.07.2019.

Sommermärchen 2.0:
Ausblick

2006 fand die Fußballweltmeisterschaft in Deutschland statt. So ausgelassen wie zu diesem Ereignis war die Stimmung schon lange nicht mehr. Das letzte Mal fand das Turnier 1974 im Lande statt, zur Zeit des Kalten Krieges, vor dem Mauerfall. Man wurde Weltmeister. Aber es fehlten die Zuschauer – und der Jubel. 2006 hingegen schwenkten unzählige Menschen schwarz-rot-goldene Fahnen, man malte sich die Nationalflagge ins Gesicht, zog Spielertrikots an und spornte die Nationalelf zusammen mit Freunden und Nachbarn beim »Public Viewing« an. Man zeigte ganz offen den Stolz auf das eigene Land und den Erfolg. Erst seit dem Sommermärchen schwenkt man die Deutschlandfahne wieder ohne schlechtes Gewissen. Diese Scham zu überwinden, hat lange gedauert, etwa zwei Generationen. Die Fußball-WM war Ausdruck einer neuen deutschen Gesellschaft.

Es gibt Fußballfans und es gibt Lokalpatrioten, aber mit Deutschland identifizieren sich die wenigsten. Die Deutschen mögen sich selbst nicht. 2012 untersuchte eine Studie der Universität Köln, warum das so ist. Insgesamt wurden 6.122 Eltern und Jugendliche über einen Zeitraum von 10 Jahren befragt. Ergebnis: Die Deutschen wären viel lieber Briten, Spanier oder Amerikaner. Das Jahr 2006 – und die Fußball-WM – bezeichnet die Studie als Wendepunkt, ab hier sind die Befragten viel lieber Deutsche. Im selben Jahr veröffentlicht Henrik Müller sein Buch »Wirtschaftsfaktor Patriotismus« und stellt fest, dass vor allem die »Kriegsgeneration« stolz war auf »Wissenschaft, Kunst und Kultur: Schiller, Goethe, Beethoven und viele andere«.[106] Seit der Fußball-WM 2006 hat sich vieles getan: Finanzkrise, Wirtschaftskrise, Flüchtlingskrise ... 2019 fragte die Open Society Fundation nochmals: Worauf sind die Deutschen stolz? Und die Antwort lautete dementsprechend: auf das Grundgesetz, auf den Sozialstaat und unsere Kultur. Wo man früher noch das Wirtschaftswunderland bewunderte, machten Skandale über deutsche Konzerne den Stolz ein wenig kleiner. So

---

106 Max Otte: Weltsystemcrash: Krisen, Unruhen und die Geburt einer neuen Weltordnung, München 2019, S. 369; vgl. a. Henrik Müller: Wirtschaftsfaktor Patriotismus. Vaterlandsliebe in Zeiten der Globalisierung, Frankfurt a. M. 2006.

konstatiert Max Otte: »Es sieht schlecht aus in Deutschland mit dem Wirtschaftsfaktor Patriotismus.«

Aber was bedeutet das für deutsche Familienunternehmen, für die Seniorgeneration und für all die Nachfolger? Was sagen die Jungunternehmerinnen und -unternehmer dazu? Familienunternehmen haben ein oberstes Ziel: das Unternehmen gesund in eine nächste Generation zu tragen. Wo früher eine Nachfolge durch den (männlichen) Nachkommen als gesichert galt, ist sie heute nicht mehr selbstverständlich. Die Familienunternehmen, aber auch die Wirtschaft müssen die Nachfolge attraktiv machen. Die neue Generation ist anders als die alte. Klare Bahnen sind nicht unbedingt gegeben. Weil auch die Familien komplizierter werden, werden es auch die Nachfolgen. Es gibt Familien, in denen die Nachfolge nicht gesichert ist oder man den Nachfolgern nicht vertraut, ihnen nicht zutraut, einen Konsens zu finden. Dann werden Anteile aus der Hand gegeben und in Stiftungen überführt.

Hinzu kommt: Heute ist man individualistischer. Man will die Welt sehen – und wenn man sie mal gesehen hat, kommt man mit einer anderen Sicht auf die Dinge zurück. Bei der Seniorgeneration, die ein Leben lang am Firmenstandort war und sich auch ein Leben lang für ein Unternehmen einsetzte, kann das befremdlich wirken. Hier muss sie tolerant sein und der nächsten Generation die Hand reichen. Denn ein Unternehmen führen, das ist keine eigenbrötlerische Tätigkeit. Man ist angewiesen auf ein gutes Team, auf die Mitarbeiter, das Netzwerk und – im speziellen Fall der Familienunternehmen – auf die Familie. Die Weisheit der Stunde lautet: »Wir schaffen alles

– aber nur gemeinsam«. Dass die junge Generation vielleicht anders »tickt«, liegt am Zeitgeist – und den dürfen auch traditionsverhaftete Familienunternehmen nicht vergessen. Hier kann die junge Generation der alten die Hand reichen. Denn sie sind in dieser neuen, globalen, digitalisierten Welt des »New Work« aufgewachsen. Hier wandelt sich etwas, was für Familienunternehmen essenziell ist, das Senioritätsprinzip. Dass man mehr weiß, weil man älter ist und Erfahrung hat, ist nicht mehr das schlagende Argument. Und auch der Spruch »Das haben wir schon immer so gemacht« trägt nicht mehr. Bei der jungen Generation, und das meint auch die zukünftigen Arbeitnehmerinnen und -nehmer, punktet man mit flachen Hierarchien und einer »open-door-policy«.[107] Die neue Generation setzt auf Vernetzung, auch durch Digitalisierung, mit der sie die Unternehmen der Eltern und Großeltern in ein neues Jahrtausend trägt – und zwar nicht gegen, sondern zusammen mit der Familie.

Die Familie kann ein Erfolgsgarant sein, sie kann aber auch in den Ruin führen. Familienunternehmen sind deswegen so interessant, weil sie zwei grundverschiedene Dinge vereinbaren müssen: die Familie und das Unternehmen. Auf der einen Seite stehen immer die Emotionen, auf der anderen Seite die Organisation. Die Gesellschaft hört und liest immer wieder von den großen Konflikten und verfolgt diese Streitigkeiten auch immer

107 Vgl.etwa:https://www.sage.com/de-de/blog/generationswechsel-heute-trendkompass-und-erfolgsrezept-fuer-unternehmens-nachfolger-fy21/ (31.07.2021).

so gerne, weil es um etwas geht, das jeder kennt: Familie.
Wo es früher zur Eskalation kam, haben diese Familien
heute gelernt, sich zu »professionalisieren«. So schaffen
alle zusammen ein Regelwerk, nach dem gehandelt und
entschieden werden kann. Die Familienverfassung spielt
mögliche Situationen durch und verhindert, dass Familienkonflikte in ein Unternehmen hineingetragen werden. Denn wenn das passiert, ist das meistens der Untergang, eben nicht nur der Familie, sondern auch des
Unternehmens. Treffen verschiedene Gesellschafter mit
verschiedenen Ideen aufeinander, bleibt meist nur noch
die Spaltung des Konzerns eine Möglichkeit. Das konnte
man bereits bei Adidas, bei Aldi und bei Bahlsen, zuletzt
bei Dr. Oetker sehen. Wenn in Familienunternehmen Familie gegen Unternehmen ausgespielt wird, kommt es zu
dem, was unbedingt vermieden werden muss: Man wird
handlungsunfähig. Es ist eine große Kunst, Familie und
Unternehmen in Einklang zu bringen und zu halten. In
einer Zeit des Generationenwechsels scheint diese Balan-
ce eine der größten Herausforderungen zu sein.

Manchmal braucht es so etwas wie einen Kleber, der
die Familienmitglieder bindet. Das kann eine Familienverfassung sein, das kann aber auch eine gemeinsame
Idee oder die Geschichte eines Unternehmens sein. Es ist
wichtig, dass eine Familie kommuniziert und sich darüber im Klaren ist, wofür sie eigentlich steht – »Menschen
machen Marken und Marken machen Märkte«. Und das
ist eine Besonderheit der Familienunternehmen: Sie sind
Unternehmen zum Anfassen. Darüber hinaus bieten sie
etwas, das in der aktuellen Schnelllebigkeit oft in Verges-
senheit gerät: Stabilität und Anpassungsfähigkeit. Fami-

lienunternehmen sind Traditionsunternehmen, die sich oft über Jahrhunderte – das Durchschnittsalter[108] eines deutschen Familienunternehmens ist 108, die ältesten von ihnen werden in der 21. Generation[109] geführt –, zumindest Jahrzehnte auf etwas spezialisiert haben. Sie haben aber dabei nie die Fähigkeit verloren, sich anzupassen und auf den Markt sowie die gegenwärtige Nachfrage zu reagieren. Das wusste auch die Belegschaft. Sie konnte sich sicher fühlen. Selbst in Krisen, die immer ein Katalysator für Veränderungen waren und sind, vor der sich insbesondere die deutschen Arbeitnehmerinnen und -nehmer zu fürchten scheinen – die Familienunternehmerin oder der Familienunternehmer kann ihnen diese Angst nehmen.

»Ohne starke Familienunternehmen geht es nicht«, soll Angela Merkel einmal gesagt haben.[110] Und damit war auch ein Appell verbunden, ein Appell an die Politik, um die richtigen Bedingungen zu schaffen, damit Deutschland ein attraktiver Wirtschaftsstandort bleibt, auch oder gerade für Familienunternehmen. Sie werden oft als Stabilitätsanker der deutschen Wirtschaft bezeichnet. Und genau das sind sie: der Anker eines riesigen Schiffs, das Wirtschaft heißt – und dieser Anker ist eben das, was er

---

108 Vgl. https://www.pwc.de/de/mittelstand/familienunternehmen-in-deutschland-besonders-stark.html (31.07.2021).

109 Die Privat-Brauerei Zötler ist mit mittlerweile über 570 Jahren die älteste Familienbrauerei der Welt, siehe: www.zoetler.de/geschichte. Der Maschinenhersteller Achenbach Buschhütten ist bis heute in Familienbesitz und wurde 1452 gegründet.

110 https://www.familienunternehmen.de/de/pressebereich/meldungen/2016/2016-06-13/merkel-ohne-starke-familienunternehmen-geht-es-nicht (31.07.2021).

ist: unter Wasser, nicht sichtbar, aber unentbehrlich. Umso wichtiger ist es, dass diese Unternehmer aus der Privatheit der Familie heraustreten, um der Welt und der Gesellschaft zu zeigen, wie wichtig Familienunternehmertum für die deutsche Wirtschaft ist.

Ein Sommermärchen 2.0 – was wäre das also? Es würde bedeuten, dass Familienunternehmer in Zukunft sichtbarer werden müssten, nicht nur auf regionaler, sondern auch auf Bundesebene. Sie müssten wortwörtlich aus der anonymen Gesellschaft »auftauchen«. Nur so können sie sich einer Neidgesellschaft widersetzen, die mit dem Aufkommen des Bürgertums in die Seele der deutschen Gesellschaft einzog. Familienunternehmerinnen und -unternehmer sind nicht böse. Sie sind auch nicht faul. Familienunternehmen setzen sich ein Leben lang für eine Idee ein und tragen diese in die nächste Generation. Sie denken immer nachhaltig – und das schon, bevor die ganze Welt anfing, über Nachhaltigkeit zu sprechen. Und sie begleiten uns seit Jahrhunderten und in allen Lebenslagen: von den Buddenbrooks bis zu den Krupps; von der ersten Mahlzeit (Hipp) zum ersten Bonbon (Hitschler), dem ersten Kaffee (Melitta), vom ersten Auto (VW) zum ersten Haus (Montana), von Dr. Oetker (Lebensmittel), Henkel (Waschmittel & Klebstoffe) bis zu Merck (Flüssigkristalle im Handy und iPad). Tagtäglich begegnen und leben wir mit Ideen und Produkten, die von bis heute erfolgreichen Familienunternehmen stammen. Sie umgeben uns jeden Tag und doch ist uns das gar nicht bewusst. Es ist wichtig, dass die nächste Generation von Unternehmerinnen und Unternehmern nicht nur anfängt, anders über sich zu denken, also nicht in Selbstzweifel verfällt, sondern der Öffentlichkeit ein neues Bild des Unternehmers und der Unternehmerin vermittelt. Und es ist wichtig, dass die »NextGens« hierbei nicht alleingelassen werden. Sie brauchen Unterstützung von der Familie, aber auch von der Politik. Ein Sommermärchen 2.0 würde demnach bedeuten, dass die Deutschen (wieder) stolz wären, stolz auf »Goethe, Schiller, Porsche, Mercedes und die Familienunternehmen«!

Quellen

ARTIKEL UND BEITRÄGE

AllBright Stiftung (Hg.): Der neue AllBright Bericht ist erschienen, in: all-bright-stiftung.de, 10.06.2020, URL: https://www.allbright-stiftung.de/aktuelles/2020/6/10/der-neue-allbright-bericht-ist-erschienen (25.10.2021).

Anger, Heike: Stiftungsrecht: Familienunternehmen fordern Entbürokratisierung statt neuer Rechtsform, in: Handelsblatt, 04.05.2021, URL: https://www.handelsblatt.com/politik/deutschland/stiftungen-stiftungsrecht-familienunternehmen-fordern-entbuerokratisierung-statt-neuer-rechtsform/27154062.html?ticket=ST-4352944-SgQoqXKifTWuMrh5Tc70-cas01.example.org (22.10.2021).

Bettermann, Ulrich: Deutschland einig Aussteigerland, in: Die Welt, 28.03.2019, URL: https://www.welt.de/wirtschaft/bilanz/article190849661/Gescheiterte-Energiewende-Deutschland-einig-Aussteigerland.html (25.10.2021).

Betz, Joachim: Gesellschaftliche Strukturen, in: Informationen zur Politischen Bildung, 19.01.2018, URL: https://www.bpb.de/izpb/263152/gesellschaftliche-strukturen (22.10.2021).

Boss, Patrick/Venohr, Bernd: Die Top-Branchen der deutschen Weltmarktführer, in: Die Deutsche Wirtschaft. Stimme des Mittelstands (Hg.): Lexikon der deutschen Weltmarktführer 2020, URL: https://die-deutsche-wirtschaft.de/die-top-branchen-der-deutschen-weltmarktfuehrer/ (25.10.2021).

Budras, Corinna: Erleichterungen für Start-ups in neuer Rechtsform, in: Frankfurter Allgemeine Zeitung, 22.02.2021, URL: https://www.faz.net/aktuell/wirtschaft/unternehmen/gesetzentwurf-erleichterungen-fuer-start-ups-in-neuer-rechtsform-17209409.html (22.10.2021).

Bundesarchiv (Hg.): »Stinnes-Legien-Abkommen«, in: weimar.bundesarchiv.de, URL: https://weimar.bundesarchiv.de/WEIMAR/DE/Content/Dokumente-zur-Zeitgeschichte/1918-11-15_stinnes-legien.html (22.10.2021).

BVMW – Bundesverband mittelständische Wirtschaft, Unternehmerverband Deutschlands e. V. (Hg.): Zahlen & Fakten. Der Mittelstand ist Garant für Stabilität und Fortschritt, in: bvmw.de, URL: https://www.bvmw.de/themen/mittelstand/zahlen-fakten (22.10.2021).

Demling, Alexander/Müller, Anja/Rickens, Christian/Cveljo, Marina/Ivanov, Angelika: Kein Wille, keine Vision, kein Wachstum: Was die Gründerkultur in Deutschland vernichtet, 19.07.2019, URL: https://www.handelsblatt.com/unternehmen/mittelstand/unternehmer-gesucht-kein-wille-keine-vision-kein-wachstum-was-die-gruenderkultur-in-deutschland-vernichtet/24597132.html (22.10.2021).

Deutsche Vertretungen in Indien (Hg.): Arbeits- und Sozialbeziehungen und Berufsbildung, in: india.diplo.de, 06.04.2018, URL: https://india.diplo.de/in-de/themen/wirtschaft/-/1893060 (25.10.2021).

Diemand, Stefanie/Müssgens, Christian: Streit im Aldi-Familienclan. Untreue als Vorwurf, in: Frankfurter Allgemeine Zeitung , 17.9.2020.

Diettrich, Silke: Wer ist Tata? Breit aufgestellter Kümmer-Konzern, in: tagesschau.de, 20.09.2017, URL: https://www.tagesschau.de/wirtschaft/tata-103.html (22.10.2021).

Döring, Claus: Neue Rechtsform. Vom gebundenen zum toten Vermögen, in: Börsen-Zeitung, 07.05.2021, URL: https://www.boersen-zeitung.de/meinung-analyse/neue-rechtsform-vom-gebundenen-zum-toten-vermoegen-64df97aa-ae9c-11eb-9346-2ff9f87e4cd9 (22.10.2021).

Flauger, Jürgen: Teurer Strom vertreibt Industrie, in: Handelsblatt, 21.06.2005. Auch online einsehbar.

Friedrich, Jan: Generationswechsel heute. Trendkompass und Erfolgsrezept für Unternehmensnachfolger, in: sage.com, 07.10.2020, URL: https://www.sage.com/de-de/blog/generationswechsel-heute-trendkompass-und-erfolgsrezept-fuer-unternehmensnachfolger-fy21/ (25.10.2021).

Gropp, Kay: Weibliche Nachfolge. Ausnahme oder Regelfall?, in: idw – Informationsdienst Wissenschaft, 09.08.2017, URL: https://idw-online.de/de/news679323 (22.10.2021).

Hauck, Jana: Die Familienstrategie, in: pFIFig. Beitragsreihe des Friedrichshafener Instituts für Familienunternehmen 1/2012, URL: https://www.zu.de/institute/fif/assets/pdf/pfifig/01_2012_pFIFig_Familienstrategie_FIF.pdf (22.10.2021).

Heise, Sebastian: Der Milliardär im Schatten, in: Focus Money Online, 15.11.2013, URL: https://www.focus.de/finanzen/news/der-milliardaer-im-schatten-aldi-gruender-theo-albrecht_id_1853278.html (22.10.2021).

Hoff, Hans: Am Ende ist der Unternehmer der Bösewicht, in: Handelsblatt, 1.4.2013, URL: https://www.handelsblatt.com/arts_und_style/kunstmarkt/tatort-klischees-am-ende-ist-der-unternehmer-der-boesewicht/7993792-all.html (21.10.2021).

Hradil, Stefan: Historische Entwicklung, in: Bundeszentrale für politische Bildung (Hg.): Deutsche Verhältnisse. Eine Sozialkunde, 31.05.2012, URL: https://www.bpb.de/politik/grundfragen/deutsche-verhaeltnisse-eine-sozialkunde/138438/historische-entwicklung (22.10.2021).

Janzing, Bernward: Deutschlands gescheiterte Strompolitik. Lähmender Zentralismus, in: taz, 07.01.2021, URL: https://taz.de/Deutschlands-gescheiterte-Strompolitik/!5738213/ (25.10.2021).

Joachim, Kristin: Viel »home« und wenig »office«, in: tagesschau.de, 04.06.2020, URL: https://www.tagesschau.de/inland/corona-frauen-101.html (22.10.2021).

Junginger, Bernhard: Wie Altmaier den Mittelstand zurückgewinnen will, in: Augsburger Allgemeine, 28.06.2019, URL: https://www.augsburger-allgemeine.de/wirtschaft/Wirtschaftspolitik-Wie-Altmaier-den-Mittelstand-zurueckgewinnen-will-id54720191.html (22.10.2021).

Klawitter, Nils: »Schmeißen Sie die raus«, in: Der Spiegel 48/2005. Online einsehbar.

Klein-Blenkers, Fritz/Reiß, Michael: Geschichte der Betriebswirtschaftslehre, in: Wittmann, Waldemar (Hg.): Handwörterbuch der Betriebswirtschaft, Bd. 1, 5. überarbeitete Auflage, Stuttgart 1993, Sp. 1417–1433, URL: https://elib.uni-stuttgart.de/bitstream/11682/5582/1/rei19.pdf (22.10.2021).

Knust, Cornelia: Technologieatlas Nachhaltigkeit: Familienunternehmen prägen die wichtigsten Umwelttechnologien, in: familienunternehmen.de, 06.05.2021, URL: https://www.familienunternehmen.de/de/pressebereich/meldungen/2021/2021-05-06/technologieatlas-nachhaltigkeit (25.10.2021).

Linnemann, Carsten/Röser, Sarna: MIT und Die jungen Unternehmer legen Vorschläge für bürokratiearme Unternehmensgründungen vor, in: junge-unternehmer.eu, 27.08.2018, URL: https://www.junge-unternehmer.eu/regionalkreis-suedbaden/presse/pressemitteilungen/detail/article/mit-und-die-jungen-unternehmer-legen-vorschlaege-fuer-buerokratiearme-unternehmensgruendungen-vor.html (25.10.2021).

Mayr, Stefan: Ehemalige Mitarbeiter wollten Haft für Anton Schlecker, in: Süddeutsche Zeitung, 27.11.0217, URL: https://www.sueddeutsche.de/wirtschaft/schlecker-prozess-ehemalige-mitarbeiter-wollten-haft-fuer-anton-schlecker-1.3767462 (22.10.2021).

Müller, Anja: Wenn die Digitalisierung Generationen spaltet, in: WirtschaftsWoche, 14.04.2016, URL: https://www.wiwo.de/unternehmen/mittelstand/nachfolge-im-familienunternehmen-wenn-die-digitalisierung-generationen-spaltet/13448380.html (22.10.2021).

Müller, Anja: Miele übernimmt Mehrheit am Grill-Start-up Otto Wilde, in: Handelsblatt, 16.03.2021, URL: https://www.handelsblatt.com/unternehmen/mittelstand/familienunternehmer/haushaltsgeraete-miele-uebernimmt-mehrheit-am-grill-start-up-otto-wilde/27011328.html?ticket=ST-8523754-cB7Artn4rm-VmxCKpHnye-ap6 (22.10.2021).

Nave-Herz, Rosemarie: Pluralisierung familialer Lebensformen – ein Konstrukt der Wissenschaft?, in: Vaskovics, Lazlo A. (Hg.): Familienleitbilder und Familienrealitäten, Wiesbaden 1997, S. 36-49, URL: https://doi.org/10.1007/978-3-322-95733-7_5 (25.10.2021).

o. V.: »Tatort«-Mörder sind meist Unternehmer, in: Handelsblatt, 08.06.2017, URL: https://www.handelsblatt.com/arts_und_style/lifestyle/tv-film/studie-zur-krimiserie-tatort-moerder-sind-meist-unternehmer-/19908462.html?ticket=ST-1907169-PIfVuYotcIqfDGF6VYC6-ap4 (22.10.2021).

o. V.: Bahlsen zerfällt in drei Unternehmen, in: Die Welt, 17.06.1999, URL: https://www.welt.de/print-welt/article574037/Bahlsen-zerfaellt-in-drei-Unternehmen.html (22.10.2021).

o. V.: Der diskrete Aufstieg des Hauses Haniel, in: Ruhr Revue, 10.11.2008, URL: https://www.derwesten.de/kultur/der-diskrete-aufstieg-des-hauses-haniel-id1163994.html (22.10.2021).

o. V.: Interview mit Jung-Unternehmerin Sarna Röser: »Der Staat kann es nicht«, in: mit-bund.de, 16.04.2021, URL: https://www.mit-bund.de/content/interview-mit-jung-unternehmerin-sarna-roeser-der-staat-kann-es-nicht (25.10.2021).

o. V.: Tönnies bleibt Familiensache, in: fleischwirtschaft.de, 04.08.2021, URL: https://www.fleischwirtschaft.de/wirtschaft/nachrichten/einigung-toennies-bleibt-familiensache-51137 (22.10.2021).

Pennekamp, Johannes: Soziale Marktwirtschaft in der Zange, in: Frankfurter Allgemeine Zeitung, 28.04.2021, URL: https://www.faz.net/aktuell/wirtschaft/soziale-marktwirtschaft/soziale-marktwirtschaft-in-der-zange-17303141.html (22.10.2021).

Potor, Marinela: Wie nachhaltig ist Ritter Sport wirklich?, in: BASIC thinking, 03.06.2021, URL: https://www.basicthinking.de/blog/2021/06/03/ritter-sport-klimacheck/ (25.10.2021).

Rathje, Klaus: »Reich wie Stinnes« war einmal, in: Welt am Sonntag, 28.12.2008, URL: https://www.welt.de/wams_print/article2939489/Reich-wie-Stinnes-war-einmal.html (22.10.2021).

Reimann, Annina: Wie der Freudenberg-Chef 320 Erben bei Laune hält, in: WirtschaftsWoche, 10.01.2017, URL: https://www.wiwo.de/unternehmen/mittelstand/familienunternehmen-wie-der-freudenberg-chef-320-erben-bei-laune-haelt/19211494.html (22.10.2021).

Rittmann, Uwe: Familienunternehmen in Deutschland besonders stark, in: pwc.de, 28.02.2019, URL: https://www.pwc.de/de/mittelstand/familienunternehmen-in-deutschland-besonders-stark.html (25.10.2021).

Rittmann, Uwe: Familienunternehmen in Deutschland: Hidden Champions sind zu wenig sichtbar, in: pwc.de, URL: https://www.pwc.de/image-familienunternehmen (25.10.2021).

Rittmann, Uwe: NextGen in Familienunternehmen: ambitioniert, motiviert und qualifiziert, in: pwc.de, URL: https://www.pwc.de/de/mittelstand/nextgensurvey.html (25.10.2021).

Rothenberg, Christian: »Das ist absolut niveaulos« – Ärger über Liegestuhl-Illustration der SPD , in: Handelsblatt, 23.08.2019, URL: https://www.handelsblatt.com/politik/deutschland/soli-abbau-das-ist-absolut-niveaulos-aerger-ueber-liegestuhl-illustration-der-spd/24935384.html (22.10.2021).

Rothermund, Dietmar: Indiens verspätete industrielle Revolution, in: Draguhn, Werner (Hg.): Indien-Politik, Wirtschaft, Gesellschaft, Hamburg 2004, S. 311-318.

Schnitzler, Lothar: Aldi-Mitgründer war Deutschlands reichster Knauserer, in: WirtschaftsWoche, 28.07.2010, URL: https://www.wiwo.de/unternehmen/nachruf-theo-albrecht-aldi-mitgruender-war-deutschlands-reichster-knauserer-/5155636.html (22.10.2021).

Schroeder, Wolfgang: Unternehmerverbände, in: Bundeszentrale für politische Bildung (Hg.): Handwörterbuch des politischen Systems der Bundesrepublik Deutschland, URL: https://www.bpb.de/nachschlagen/lexika/handwoerterbuch-politisches-system/202199/unternehmerverbaende?p=all (25.10.2021).

Schwartz, Michael: Nachfolge-Monitoring Mittelstand: Entlastung bei Nachfolgen auch dank mehr Übernahmen – Externe Investoren gesucht, in: KfW Research, 09.12.2019, URL: https://www.kfw.de/PDF/Download-Center/Konzernthemen/Research/PDF-Dokumente-Fokus-Volkswirtschaft/Fokus-2019/Fokus-Nr.-274-Dezember-2019-Nachfolge.pdf (25.10.2021).

Schwarzfischer, Benjamin: Die Gesellschaft mit gebundenem Vermögen: Neue Rechtsform für Familienunternehmen?, Newsletter der Kanzlei GvW Graf von Westphalen, Frankfurt am Main, Juni 2021, URL: https://www.gvw.com/aktuelles/newsletter/gvw-newsletter/juni-2021/die-gesellschaft-mit-gebundenem-vermoegen-neue-rechtsform-fuer-familienunternehmen.html (22.10.2021).

Şenyurt, Sinan: Einigung im Familienstreit: Tengelmann-Chef Christian Haub kauft Anteile seines verschollenen Bruders für mehr als eine Milliarde Euro, in: Business Insider, 27.04.2021, URL: https://www.businessinsider.de/wirtschaft/tengelmann-machtkampf-familien-einigen-sich-im-streit-um-die-milliarden-a/ (22.10.2021).

Smit, Barbara: Adidas gegen Puma – Sportfeinde Herzogenaurach, in: Handelsblatt, 29.10.2010, URL: https://www.handelsblatt.com/unternehmen/industrie/deutsche-dynastien-adidas-gegen-puma-sportfeinde-herzogenaurach/3577376-all.html (22.10.2021).

Stratmann, Klaus: Familienunternehmer kritisieren Green Deal, in: Handelsblatt, 16.07.2020, URL: https://www.handelsblatt.com/politik/deutschland/eu-klimapolitik-familienunternehmer-kritisieren-greendeal/26011036.html?ticket=ST-2844275-bcOHre4ghH3gEQxDpLSm-cas01.example.org (22.10.2021).

Stratmann, Klaus: Stratmann, Klaus: Unternehmen müssen um jeden Euro kämpfen, um ihre Energiekosten auf ein verkraftbares Niveau zu senken, in: Handelsblatt, 01.09.2021. Online einsehbar.

Tauber, Andre: Merkel: Ohne starke Familienunternehmen geht es nicht, in: familienunternehmen.de, 13.06.2016, URL: https://www.familienunternehmen.de/de/pressebereich/meldungen/2016/2016-06-13/merkel-ohne-starke-familienunternehmen-geht-es-nicht (25.10.2021).

Toyka-Seid, Christiane/Schneider, Gerd: Soziale Frage, in: Bundeszentrale für politische Bildung (Hg.): Das junge Politik-Lexikon, URL: https://www.bpb.de/nachschlagen/lexika/das-junge-politik-lexikon/321136/soziale-frage (25.10.2021).

Waden, Andrea M.: Essenzen aus »Silicon Germany: Wie wir die digitale Transformation schaffen«, in: amw-management.de, 14.12.2018, https://amw-management.de/2018/12/essenzen-aus-silicon-germany-wie-wir-die-digitale-transformation-schaffen/ (25.10.2021).

Wadewitz, Felix: Wie Vaude auf Nachhaltigkeit getrimmt wird, in: impulse. Netzwerk und Know-how für Unternehmer, 27.07.2012, URL: https://www.impulse.de/unternehmen/wie-vaude-auf-nachhaltigkeit-getrimmt-wird/1030558.html (25.10.2021).

Weißenborn, Christine: Bahlsen gegen Bahlsen, in: Handelsblatt, 14.11.2010, URL: https://www.handelsblatt.com/unternehmen/mittelstand/keksdynastie-bahlsen-gegen-bahlsen-seite-7/3638348-7.html (22.10.2021).

Welter, Friederike/Gröschl, Jutta: Unternehmer und Unternehmerinnen in Deutschland, in: Aus Politik und Zeitgeschichte, 15.04.2016, URL: https://www.bpb.de/apuz/224506/unternehmer-und-unternehmerinnen-in-deutschland (25.10.2021).

Witsch, Kathrin: Ökostrom allein reicht nicht – auch Verkehr und Wärmesektor schaden dem Klima, in: Handelsblatt, 04.06.2018, URL: https://www.handelsblatt.com/unternehmen/energie/global-status-report-2018-oekostrom-allein-reicht-nicht-auch-verkehr-und-waermesektor-schaden-dem-klima/22634830.html?ticket=ST-3442788-2KYp2TxenM6xAXEal9Sb-cas01.example.org (22.10.2021).

Woll, Artur: Müller-Armack, in: Gabler Wirtschaftslexikon, URL: https://wirtschaftslexikon.gabler.de/definition/mueller-armack-37124 (22.10.2021).

MONOGRAFIEN

Bloom, Philipp: Was auf dem Spiel steht, München 2017.

Bode, Sabine: Kriegsspuren: Die deutsche Krankheit German Angst, Stuttgart 2016.

Bretschneider, Ulrich/Heider, Anne/Rüsen, Tom A./Hülsbeck, Marcel: Strategien der Digitalisierung in Familienunternehmen – Über spezifische Digitalisierungsansätze für Unternehmerfamilien und Familienunternehmen, Witten 2019, URL: https://www.wifu.de/bibliothek/strategien-der-digitalisierung-in-familienunternehmen/# (25.10.2021).

Eifert, Christiane: Deutsche Unternehmerinnen im 20. Jahrhundert, München 2011.

Die Familienunternehmer e. V./Die jungen Familienunternehmer (Hg.): Verantwortungsvolles Wirtschaften – Die Werte der Familienunternehmer. Wie Wirtschaft und Gesellschaft gemeinsam die großen Herausforderungen unserer Zeit meistern, Berlin 2019, URL: https://www.familienunternehmer.eu/fileadmin/familienunternehmer/positionen/familienunternehmer_broschuere_diewerte_.pdf (21.07.2021).

Hülsbeck, Marcel/Hack, Andreas/Gerken, Maike/Ernst, Robin-Alexander: Nachhaltigkeit in Familienunternehmen. Kostenfaktor, Innovationstreiber oder unternehmerische Verantwortung?, Witten 2020, URL: https://www.pius-info.de/media/wifu-studie-2020-nachhaltigkeit.pdf (25.10.2021).

Keese, Christoph: Silicon Germany: Wie wir die digitale Transformation schaffen, München 2016.

Kleve, Heiko/Köllner, Tobias: Soziologie der Unternehmerfamilie. Grundlagen, Entwicklungslinien, Perspektiven, Wiesbaden 2019.

Klusmann, Steffen: Töchter der deutschen Wirtschaft. Weiblicher Nachwuchs für die Chefetage, München 2008.

Otten-Pappas, Dominique/Jäkel-Wurzer, Daniela: Weibliche Nachfolge – Ausnahme oder Regelfall? Eine Studie zur aktuellen Situation im Generationswechsel deutscher Familienunternehmen, Witten 2017, URL: https://www.wifu.de/bibliothek/weibliche-nachfolge-ausnahme-oder-regelfall/# (25.10.2021).

Riehl, Wilhelm: Die Familie, Stuttgart 1855.

Roth, Armin (Hg.): Einführung und Umsetzung von Industrie 4.0. Grundlagen, Vorgehensmodell und Use Cases aus der Praxis, Heidelberg 2016.

Rüsen, Tom A.: Krisen und Krisenmanagement in Familienunternehmen, 2. Auflage, Berlin 2016.

Rüsen, Tom A./von Schlippe, Arist/Groth, Torsten: Mentale Modelle von Familienunternehmen. Wie Unternehmerfamilien über sich und ihre Verbindung zum Familienunternehmen denken, Witten 2019.

Rüsen, Tom A.: Gesellschafterkompetenz in Unternehmerfamilien – Alles, was ein Gesellschafter und dessen Angehörige wissen und können sollten, in: Rüsen, Tom A./Heider, Anne K. (Hg.): Aktive Eigentümerschaft im Familienunternehmen – Elemente der Gesellschafterkompetenz in Unternehmerfamilien. Verstehen – Entwickeln – Anwenden, Berlin 2020.

Rüsen, Tom A./Heider, Anne/Hülsbeck, Marcel/Orenstrat, Ruth: Der Einfluss der Unternehmerfamilie auf den Digitalisierungsprozess des Familienunternehmens – Determinanten und Wirkung des digitalen Reifegrads einer Unternehmerfamilie, Witten 2021,URL: https://www.wifu.de/books/der-einfluss-der-unternehmerfamilie-auf-den-digitalisierungsprozess-des-familienunternehmens/# (25.10.2021).

Schumpeter, Joseph: Theorie der wirtschaftlichen Entwicklung. Nachdruck der 1. Auflage von 1912, herausgegeben von Röpke, Jochen und Stiller, Olaf , Berlin 2006.

Simon, Hermann: Hidden Champions – Aufbruch nach Globalia: Die Erfolgsstrategien unbekannter Weltmarktführer, Frankfurt am Main/New York 2012.

Simon, Hermann: Hidden Champions – Die neuen Spielregeln im chinesischen Jahrhundert, Frankfurt am Main/New York 2021.

Stiftung Familienunternehmen (Hg.): Deutschlands nächste Unternehmergeneration. Eine empirische Untersuchung der Werte, Einstellungen und Zukunftspläne, erstellt von Hauck, Jana/Prügl, Reinhard, München 2015, URL: https://www.familienunternehmen.de/media/public/pdf/publikationen-studien/studien/Studie_Stiftung_Familienunternehmen_Deutschlands-naechste-Unternehmergeneration-2015.pdf (25.10.2021).

Stiftung Familienunternehmen (Hg.): Chancen und Risiken in der Politik des Green Deal. Jahresheft des Wissenschaftlichen Beirats der Stiftung Familienunternehmen, erstellt von Di Fabio, Udo/Felbermayr, Gabriel/Fuest, Clemens/Windthorst, Kay, München 2021, URL: https://www.ifw-kiel.de/fileadmin/Dateiverwaltung/IfW-Publications/Gabriel_Felbermayr/Subventionen_im_Politikmix_des_Europaeischen_Green_Deals__The_Good__the_Bad__and_the_Ugly/Jahresheft_2021_Chancen_und_Risiken_in_der_Politik_des_Green_Deal.pdf (22.10.2021).

Stiftung Familienunternehmen (Hg.): Stiftungsunternehmen in Deutschland – Gesetzliche Grundlagen, ökonomische Motive, Reformvorschläge, erstellt von Habersack, Mathias/Horváth, Péter/Wohlrabe, Klaus, München 2021, URL: https://www.familienunternehmen.de/media/public/pdf/publikationen-studien/studien/Stiftungsunternehmen-in-Deutschland_Studie_Stiftung-Familienunternehmen.pdf (25.10.2021).

Von Schlippe, Arist: Das kommt in den besten Familien vor – Systemische Konfliktbearbeitung in Familien und Familienunternehmen, Stuttgart 2014.

Von Schlippe, Arist/Groth, Torsten/Rüsen, Tom A.: Die beiden Seiten der Unternehmerfamilie: Familienstrategie über Generationen, Göttingen 2017.

Von Schlippe, Arist/Rüsen, Tom A.: Konflikte und Konfliktdynamiken in Unternehmerfamilien – Empfehlungen zum Umgang mit familieninternen Auseinandersetzungen. Praxisleitfaden des Wittener Instituts für Familienunternehmen (WIFU), Witten 2020.

INTERNETAUFTRITTE/HOMEPAGES

Homepage der Alfred Ritter GmbH & Co. KG,
URL: https://www.ritter-sport.com/de/nachhaltigkeit (25.10.2021).

Homepage »Die jungen Unternehmer«,
URL: https://www.junge-unternehmer.eu (25.10.2021).

Homepage des Unternehmens Freudenberg,
URL: https://www.freudenberg.com/de/unternehmen/ueber-freudenberg# (31.07.2021).

Homepage des Unternehmens Haniel,
URL: https://www.haniel.de (22.10.2021).

Die Haniel Geschichte (Broschüre zur Geschichte des Unternehmens Haniel), Duisburg 2015,
URL: https://www.haniel.de/fileadmin/content/_global/pdf/allgemein/1505_haniel_geschichte_d_lo_16.pdf (22.10.2021).

Homepage der Käte Ahlmann Stiftung,
URL: https://www.kaete-ahlmann-stiftung.de/kaumlte-ahlmann.html (25.10.2021).

Homepage »REAKTOR.BERLIN«,
URL: https://reaktor.berlin (25.10.2021).

Über das Entstehen dieses Buches und die Autoren

Dieser Band entstand aufgrund einer Buchkonzeption von Victoria Steiner, die im Frühjahr und Sommer 2021 mit den drei Mitautoren Gespräche führte. Auf Basis der Gesprächsaufzeichnungen und erweitert durch eigene Recherchen verfasste sie den Text des vorliegenden Bandes.

Tom A. Rüsen ist Wirtschaftswissenschafler, Honorarprofessor an der Fakultät für Wirtschaft und Gesellschaft der Universität Witten/Herdecke, Geschäftsführender Direktor des Wittener Instituts für Familienunternehmen (WIFU) sowie Vorstand der gemeinnützigen WIFU-Stiftung. Die Schwerpunkte seiner Forschungs- und Lehrtätigkeit liegen auf der Untersuchung von Family Governance Ansätzen, Konflikt- und Krisendynamiken in Familienunternehmen und Unternehmerfamilien sowie der Entwicklung praxisnaher Lösungskonzepte für die Entwicklung von Resilienzstrukturen innerhalb von Unternehmerfamilien.

Arndt Kirchhoff ist geschäftsführender Gesellschafter eines 1785 gegründeten Familienunternehmens, heute Kirchhoff Gruppe, und engagiert sich für wichtige Interessenverbände.

Fabian Kienbaum ist seit 2018 Geschäftsführer von Kienbaum Consultants International, einer Unternehmensberatung, die sein Großvater gründete.

Victoria Steiner studierte Germanistik, Philosophie und Medienkulturwissenschaften und promovierte im Fach Literaturwissenschaft. Sie war wissenschaftliche Mitarbeiterin und Lehrbeauftragte an der LMU München und ist in einem Münchner Verlag für Publikationen u.a. über Konzerne und mittelständische Unternehmen zuständig.